VE MÁS LENTO

Libros Para Niños 3 A 5 Años | Vol -1 | Cómo Dibujar Y Rastrear

ActivityCrusades
activity books

COMO DIBUJAR

DIBUJEMOS!

Dibuja la imagen con las líneas como tu guía y luego colorea!

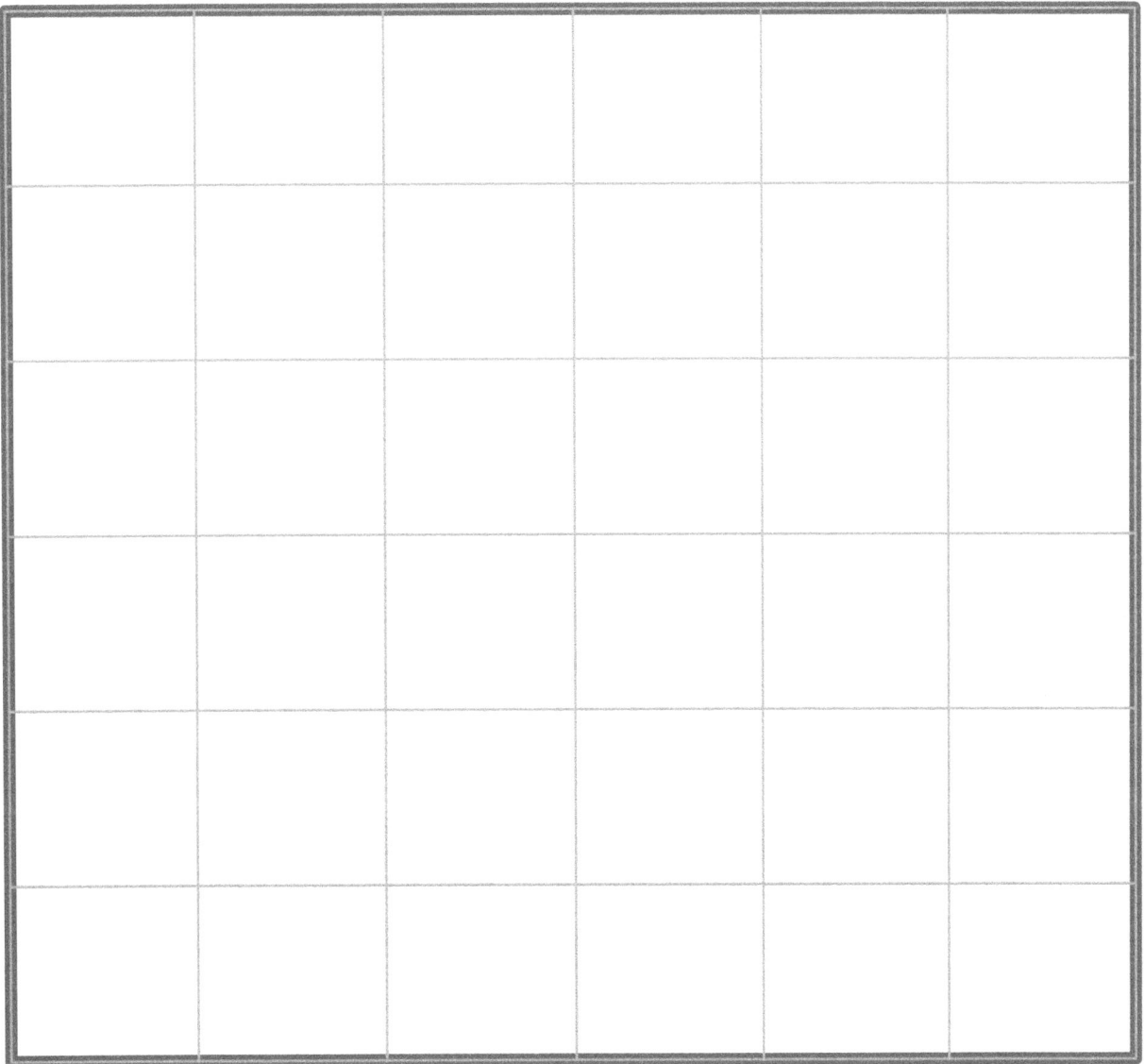

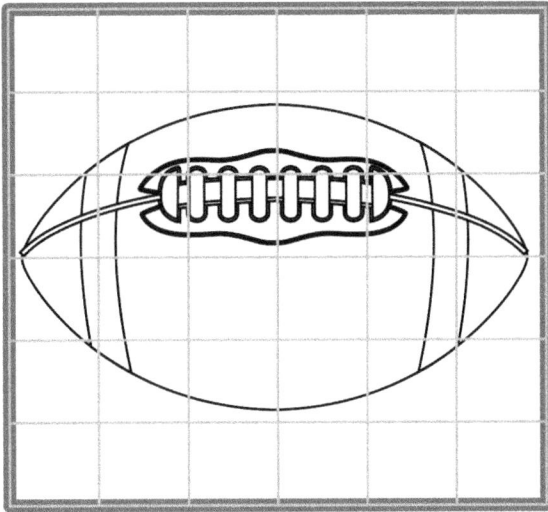

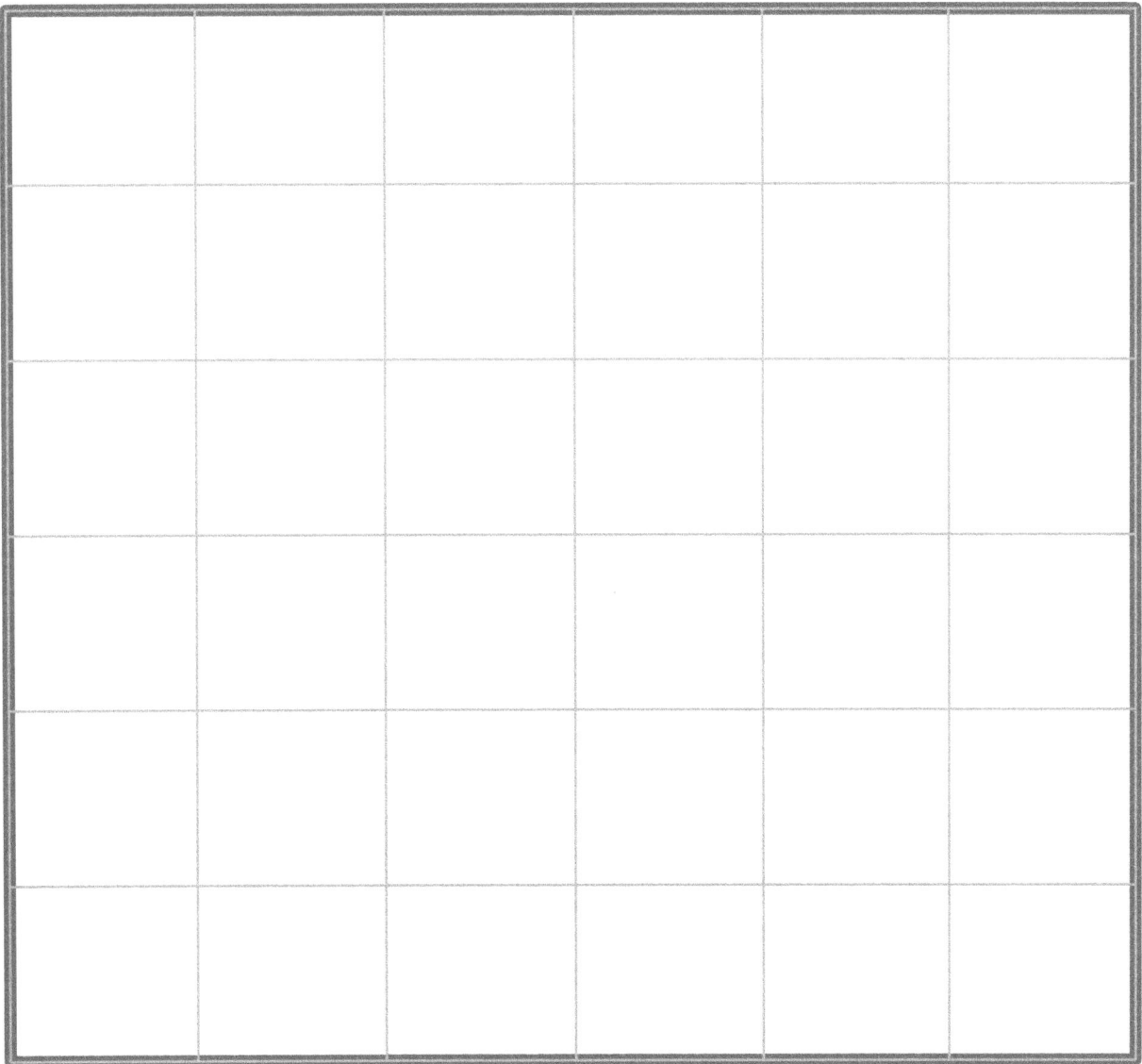

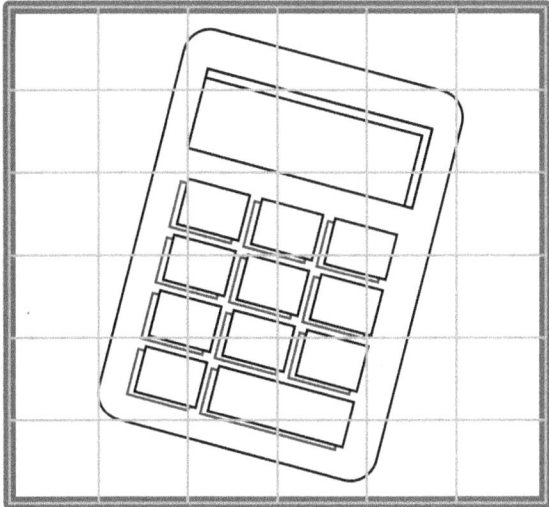

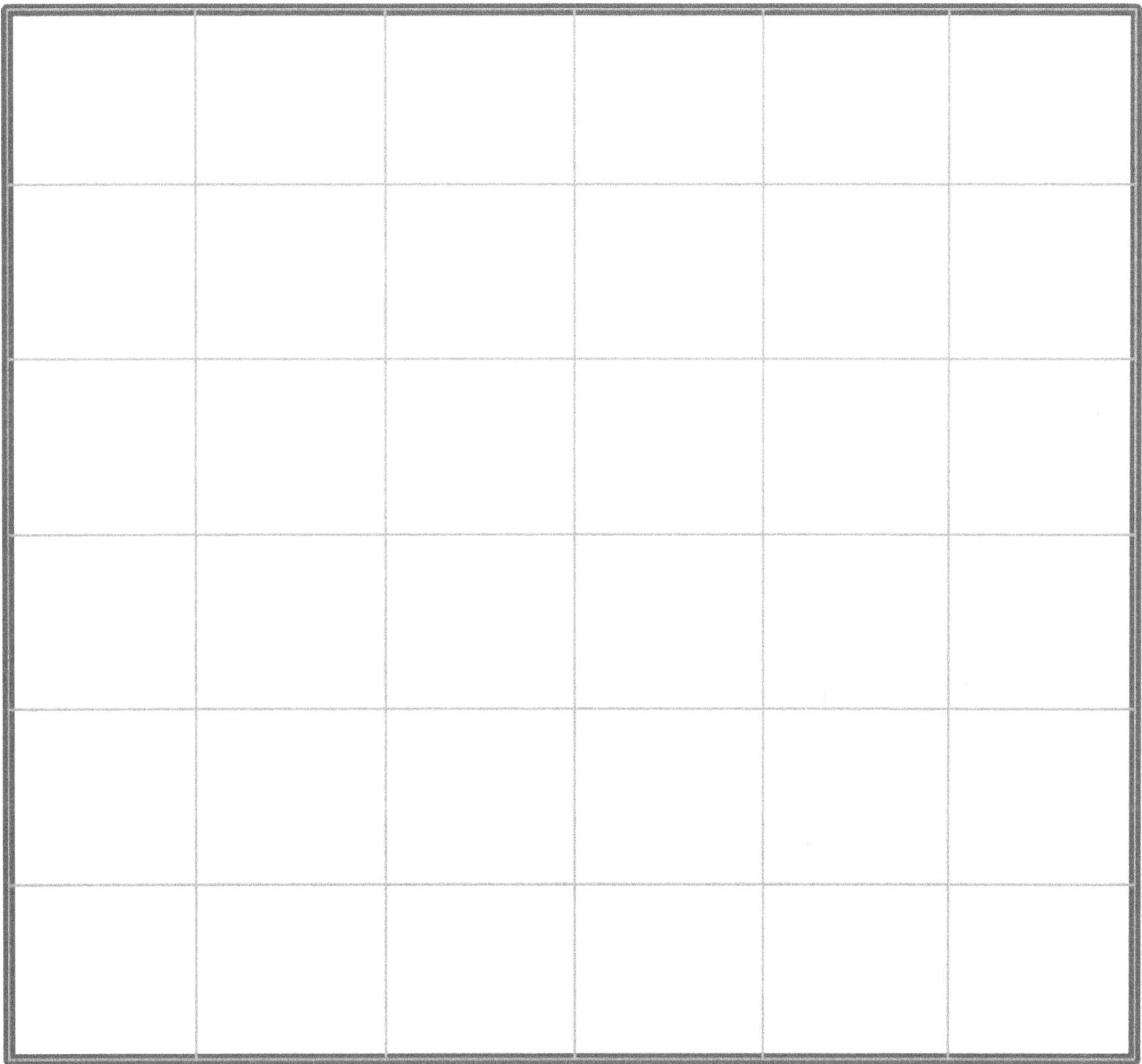

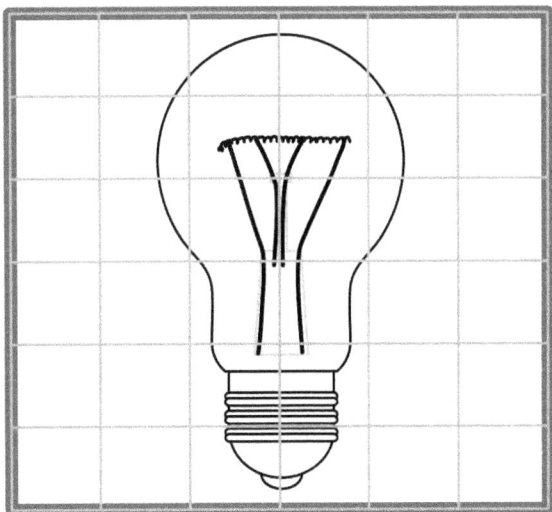

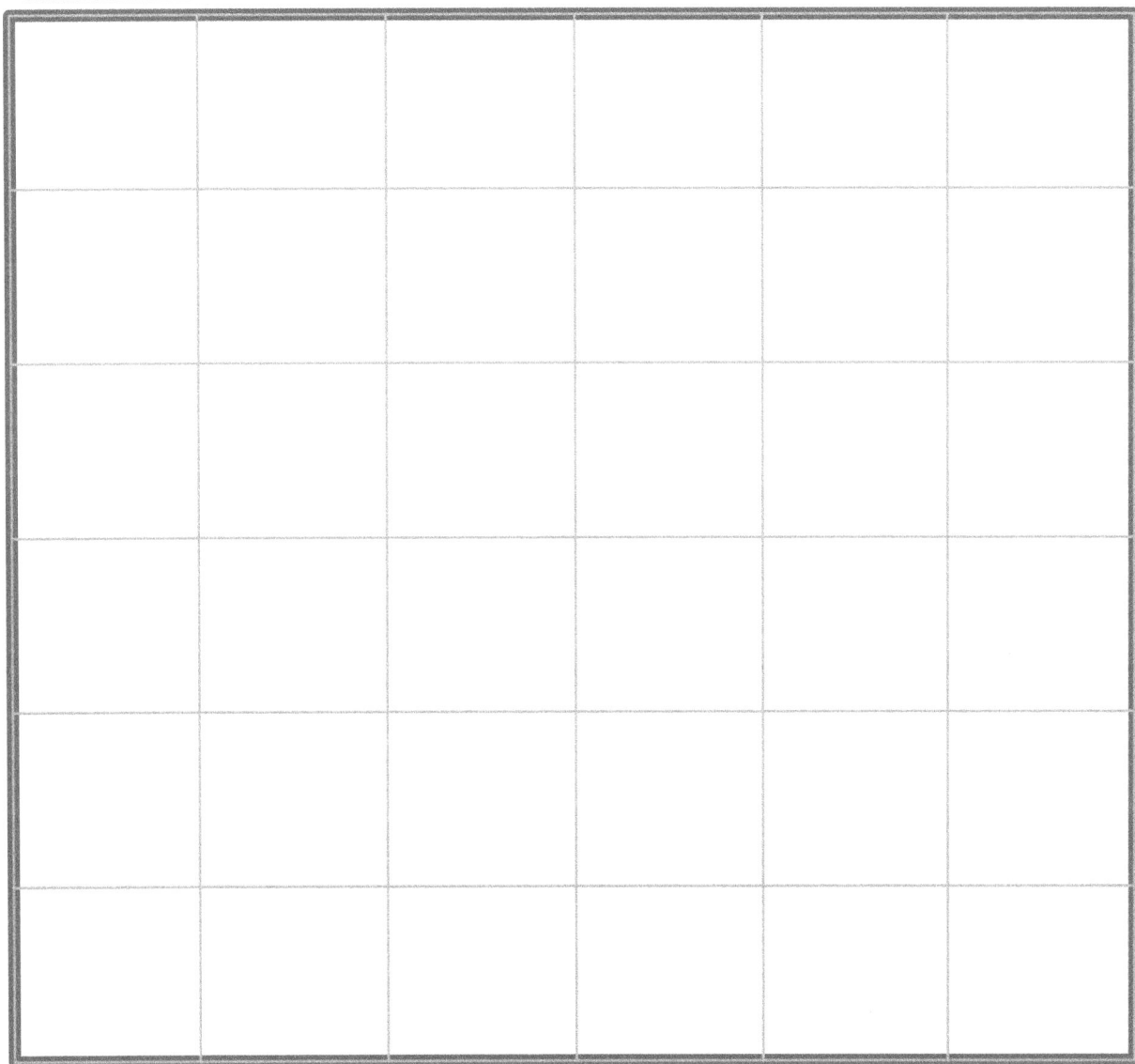

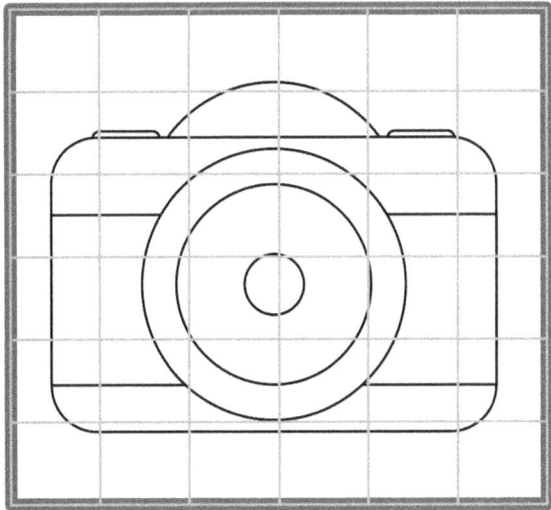

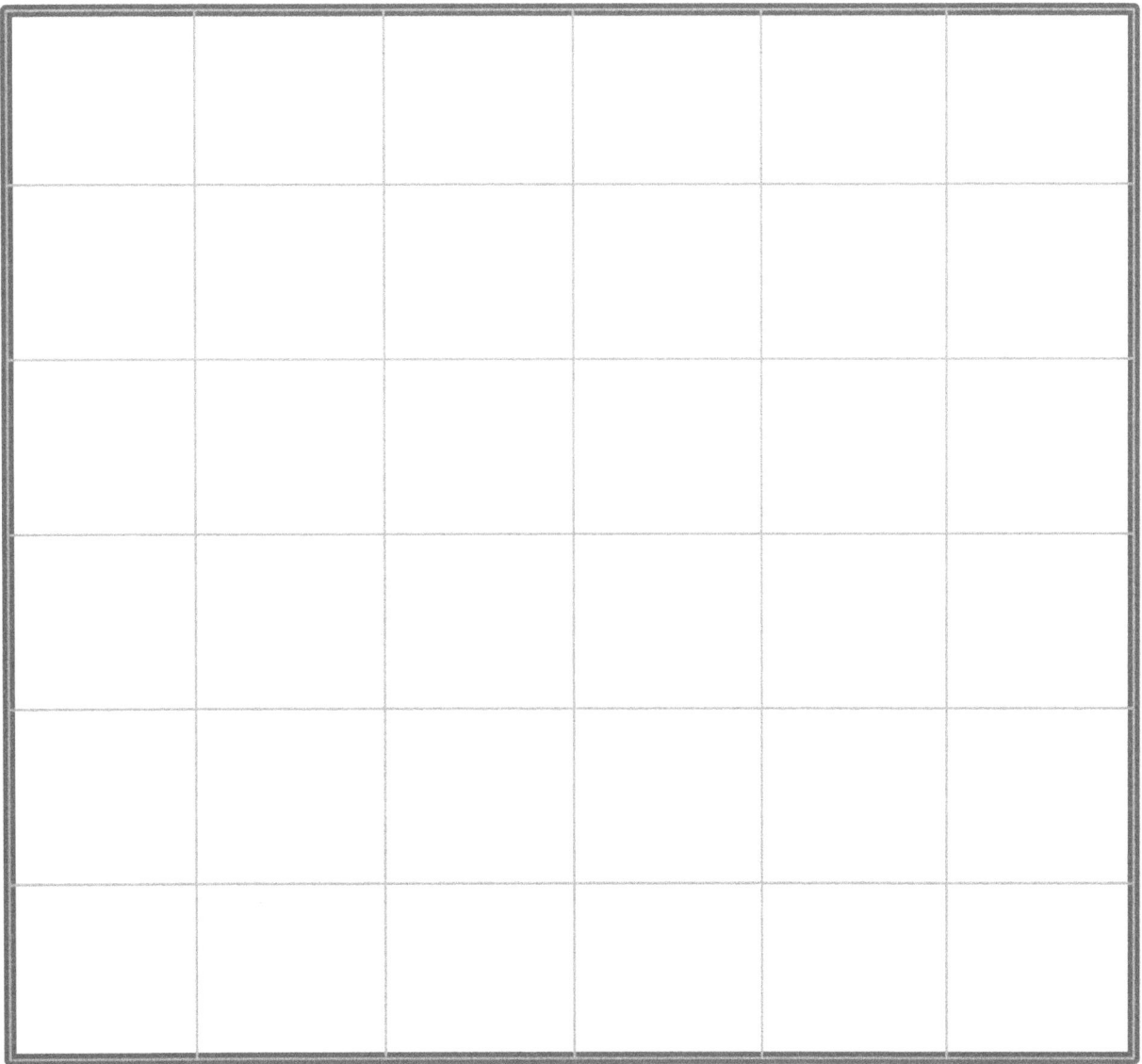

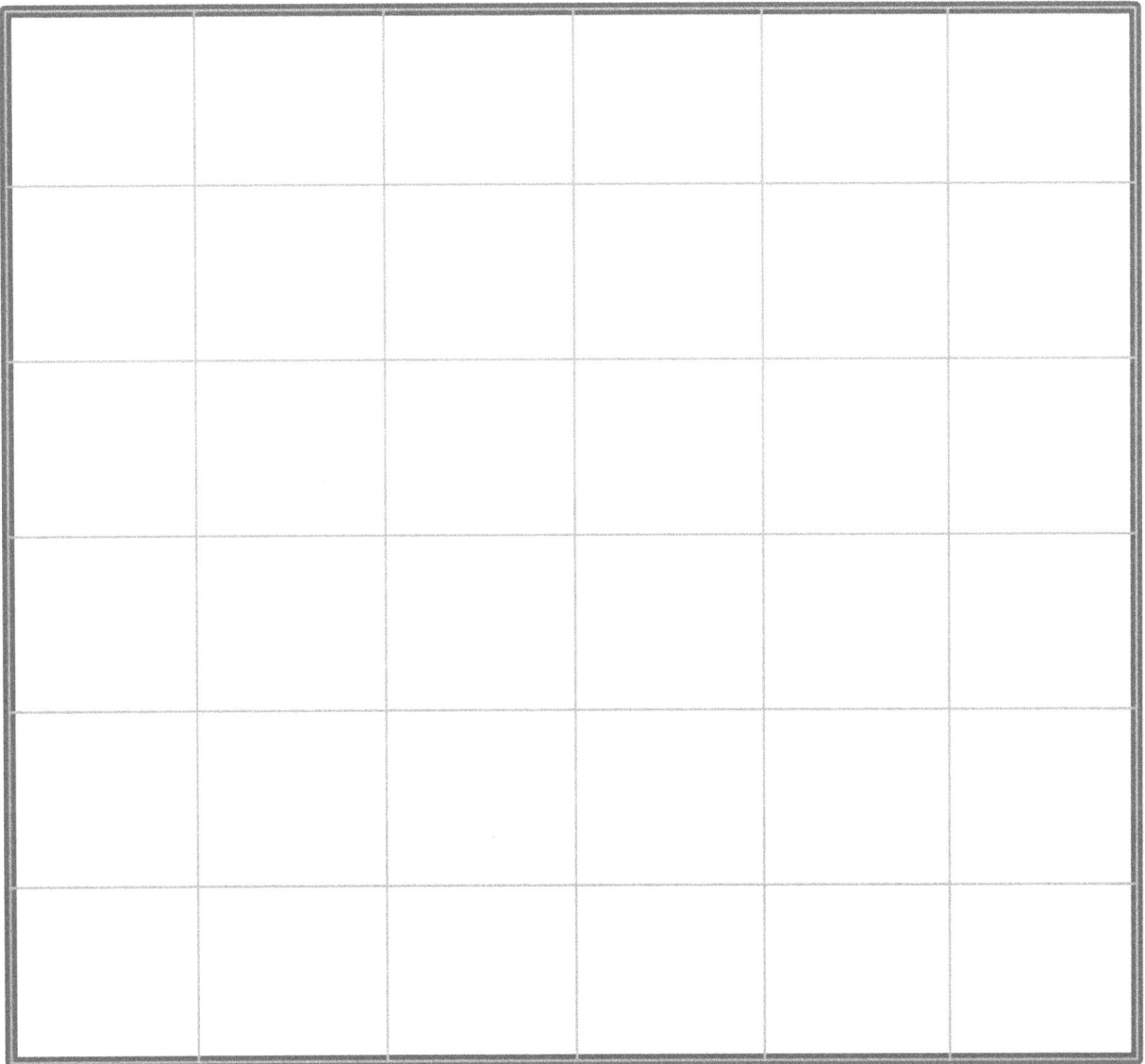

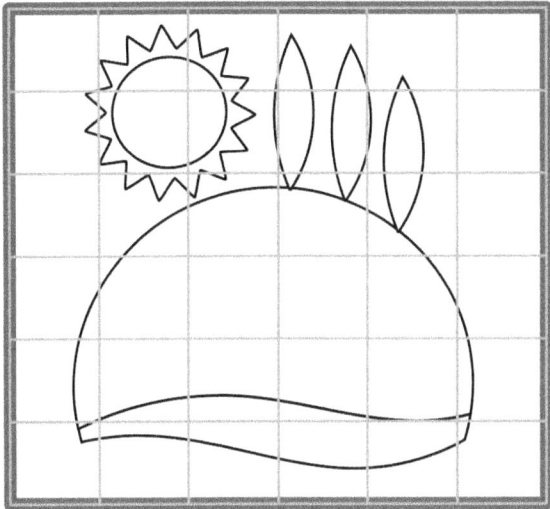

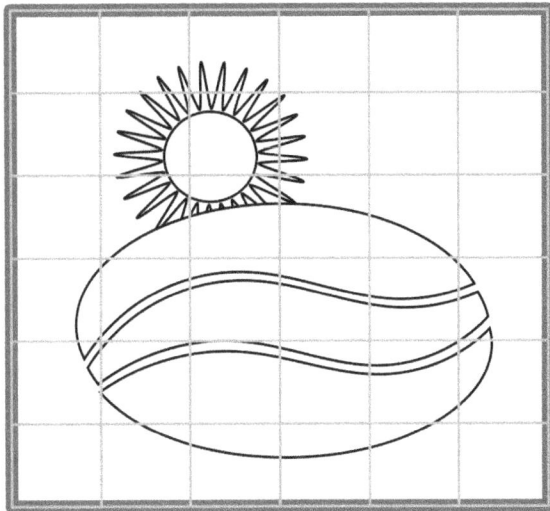

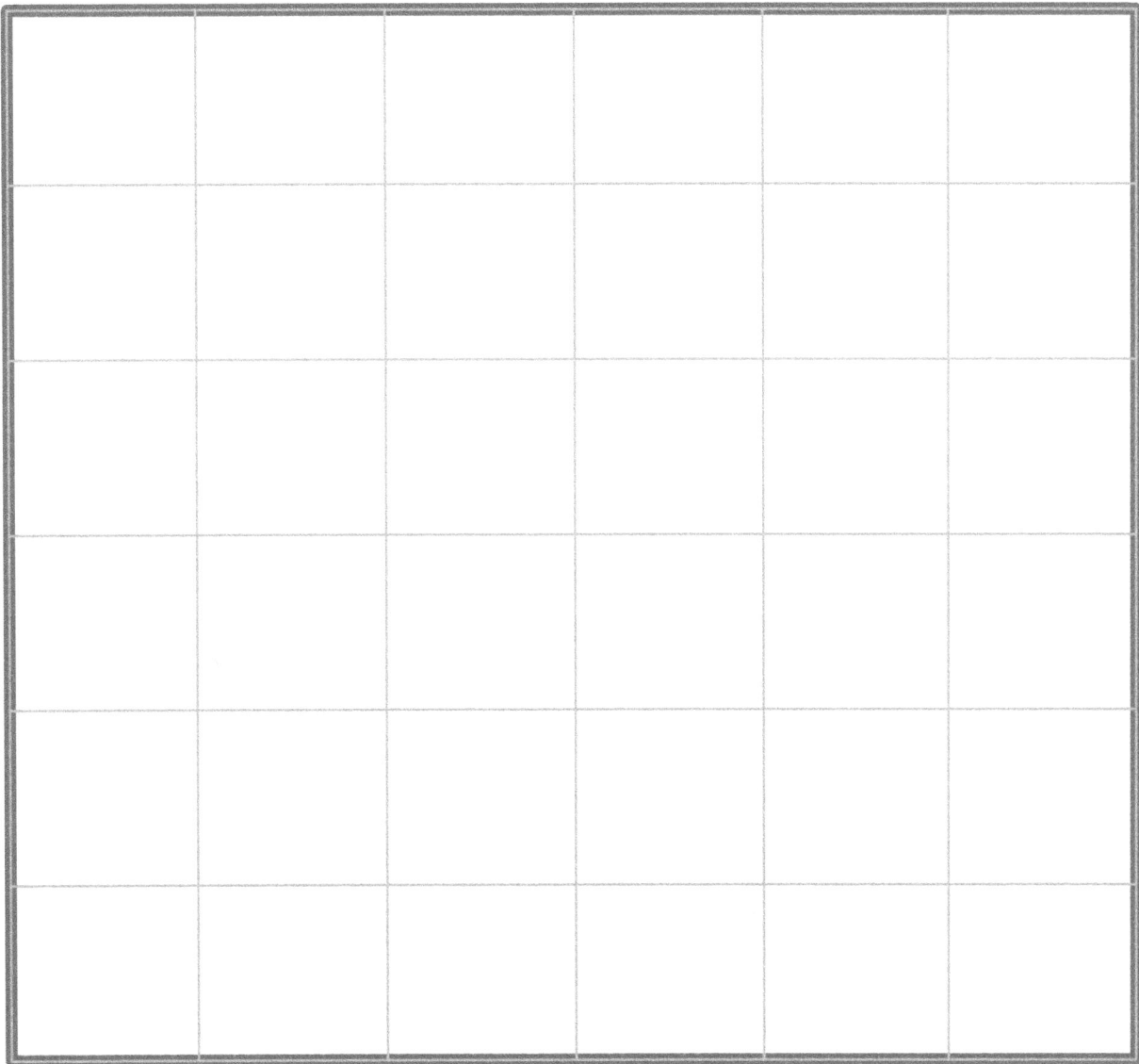

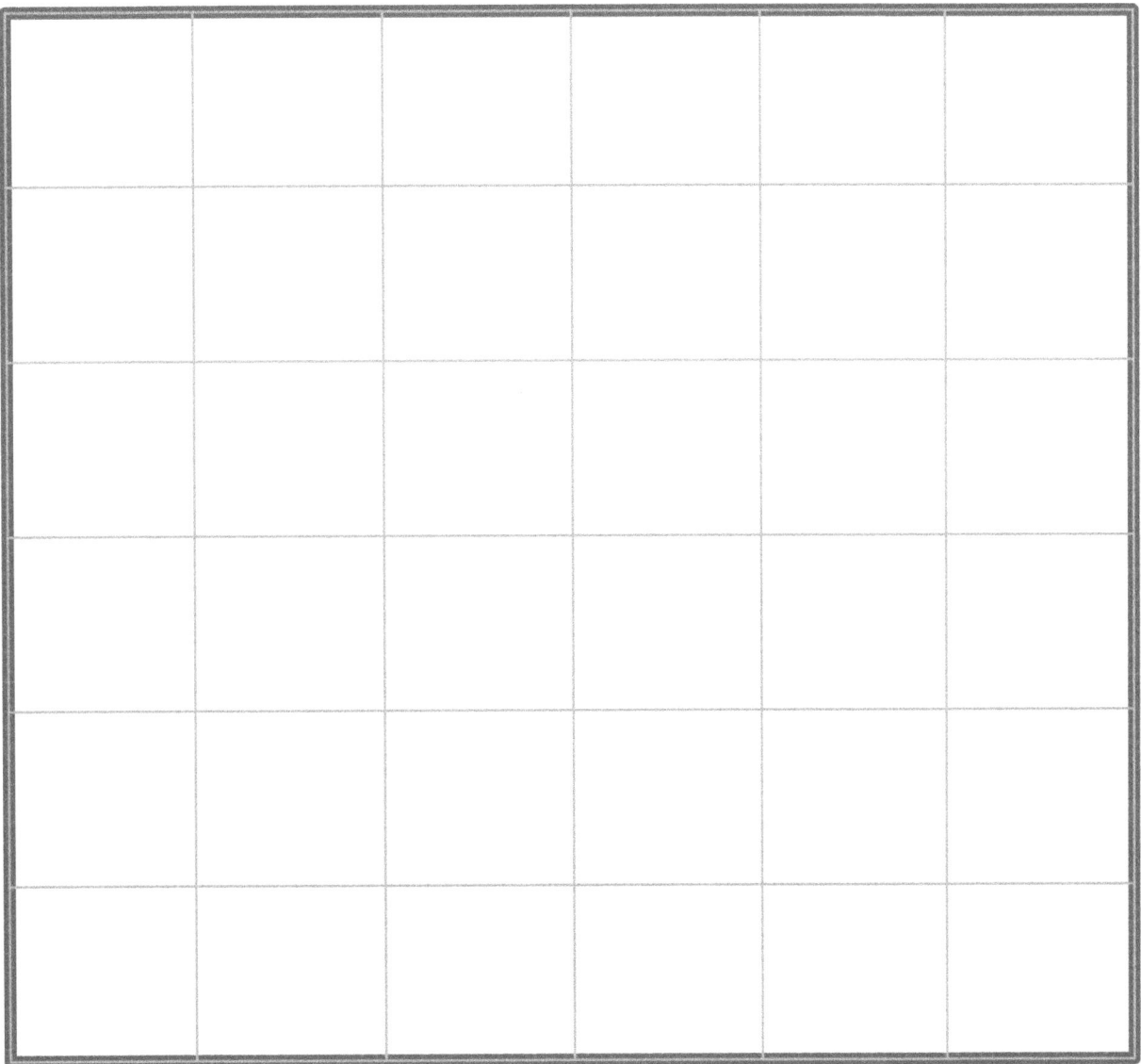

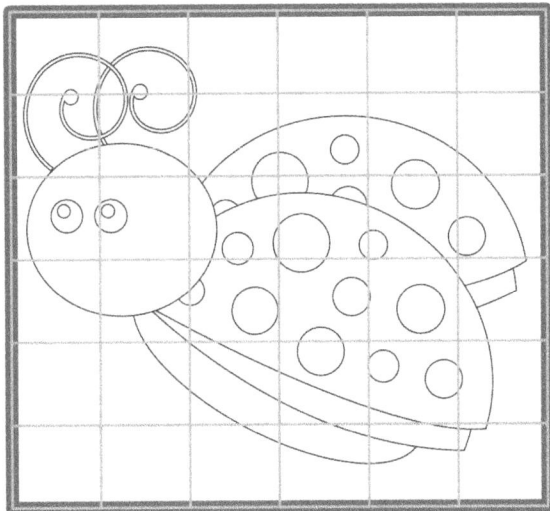

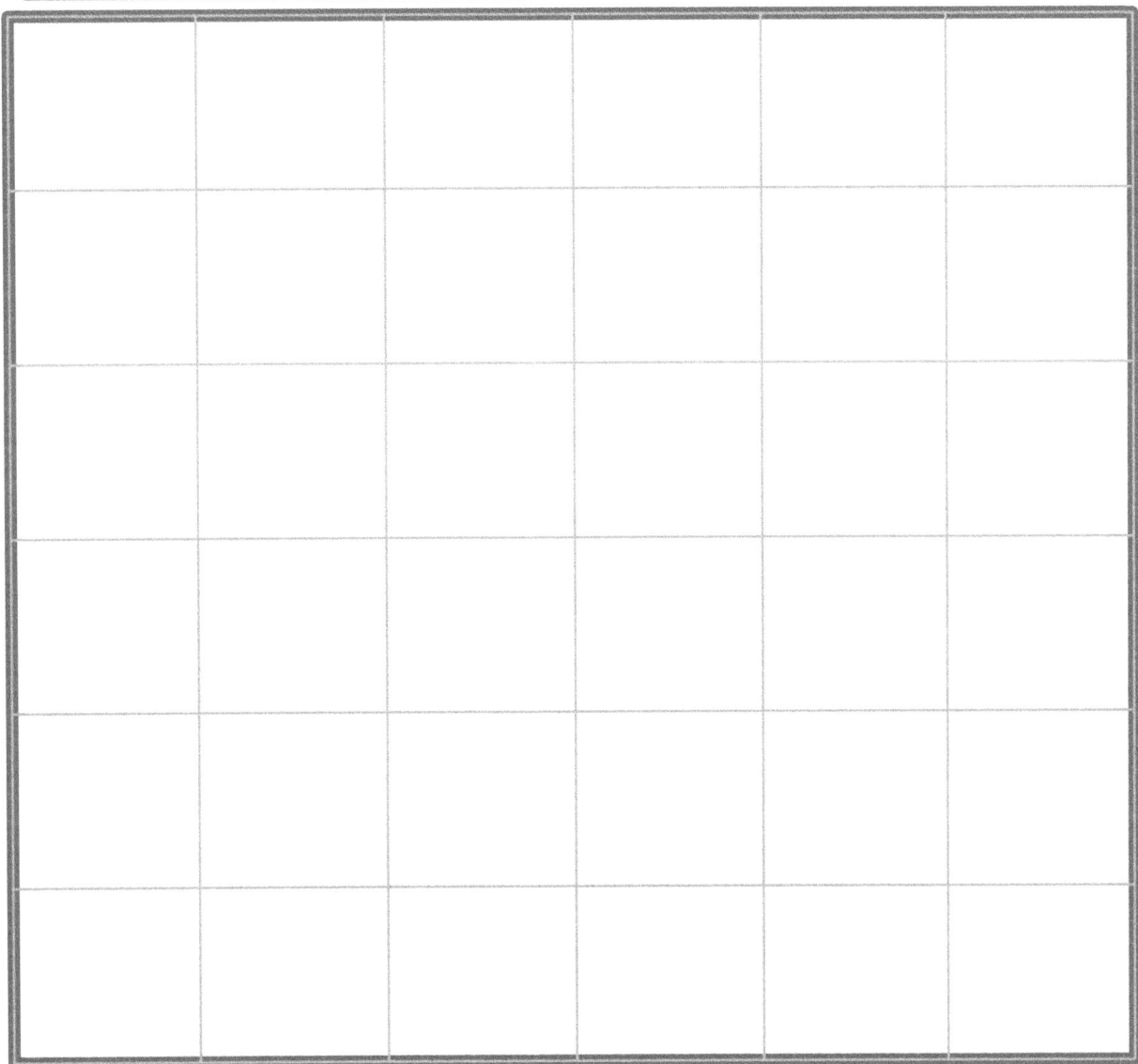

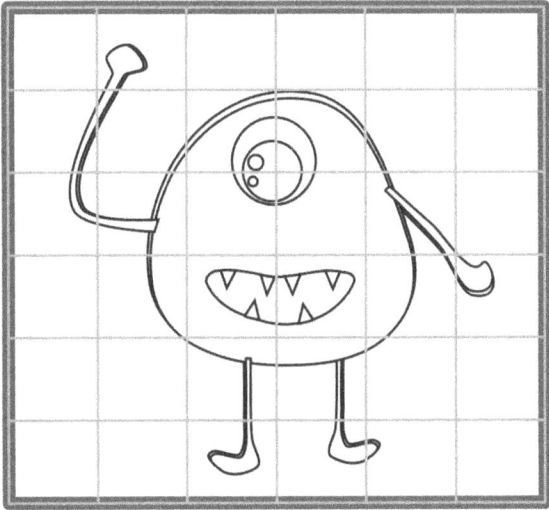

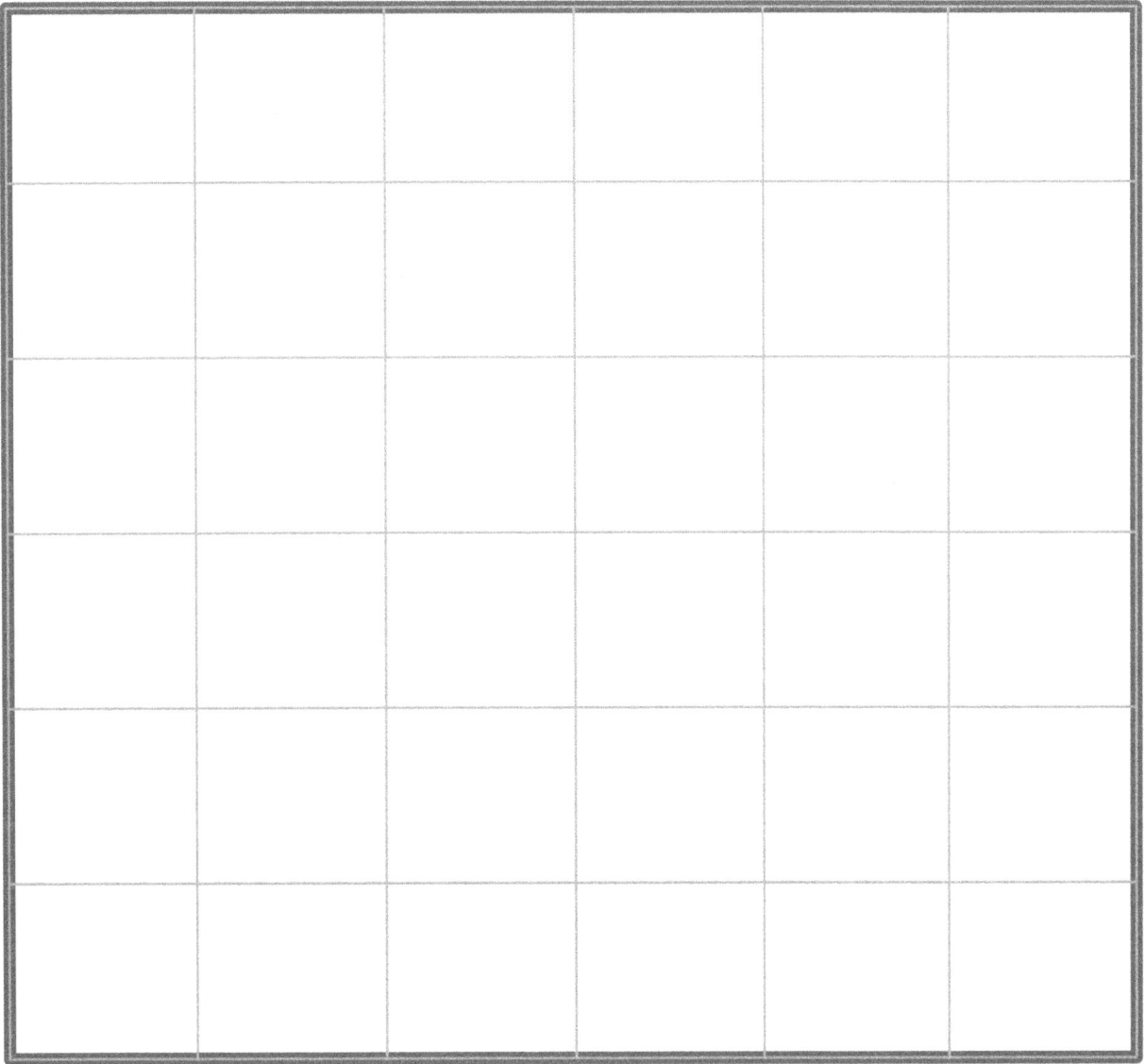

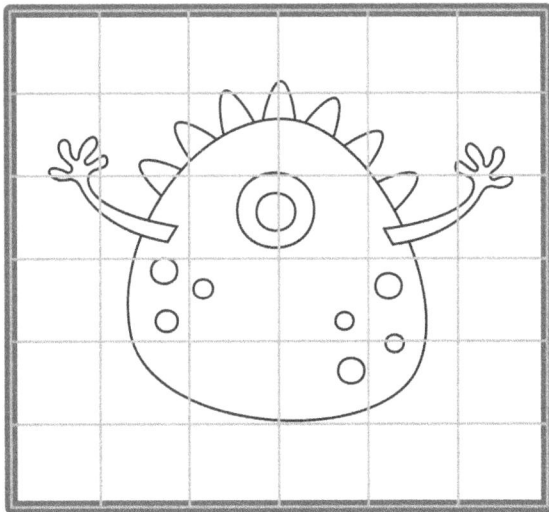

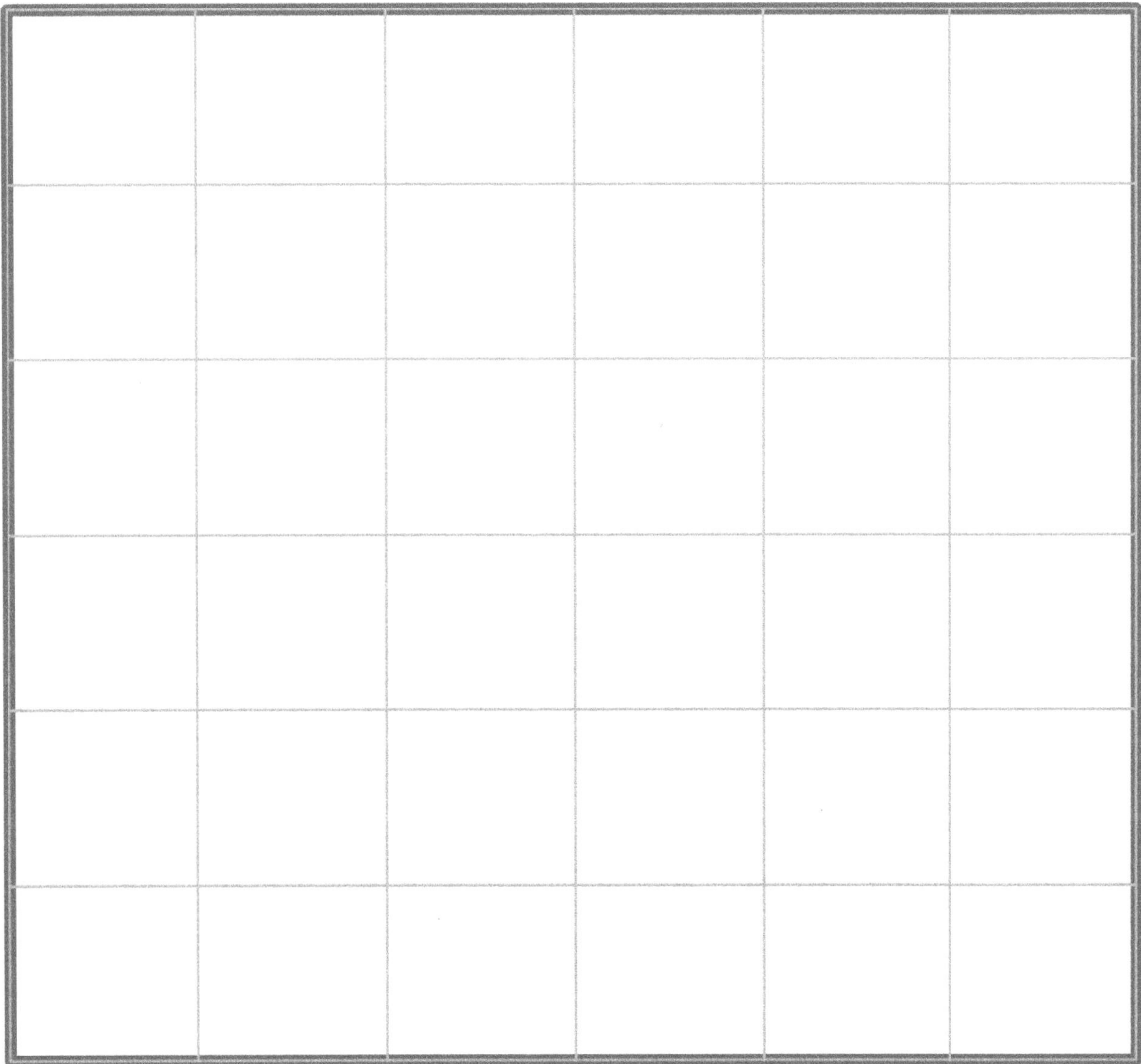

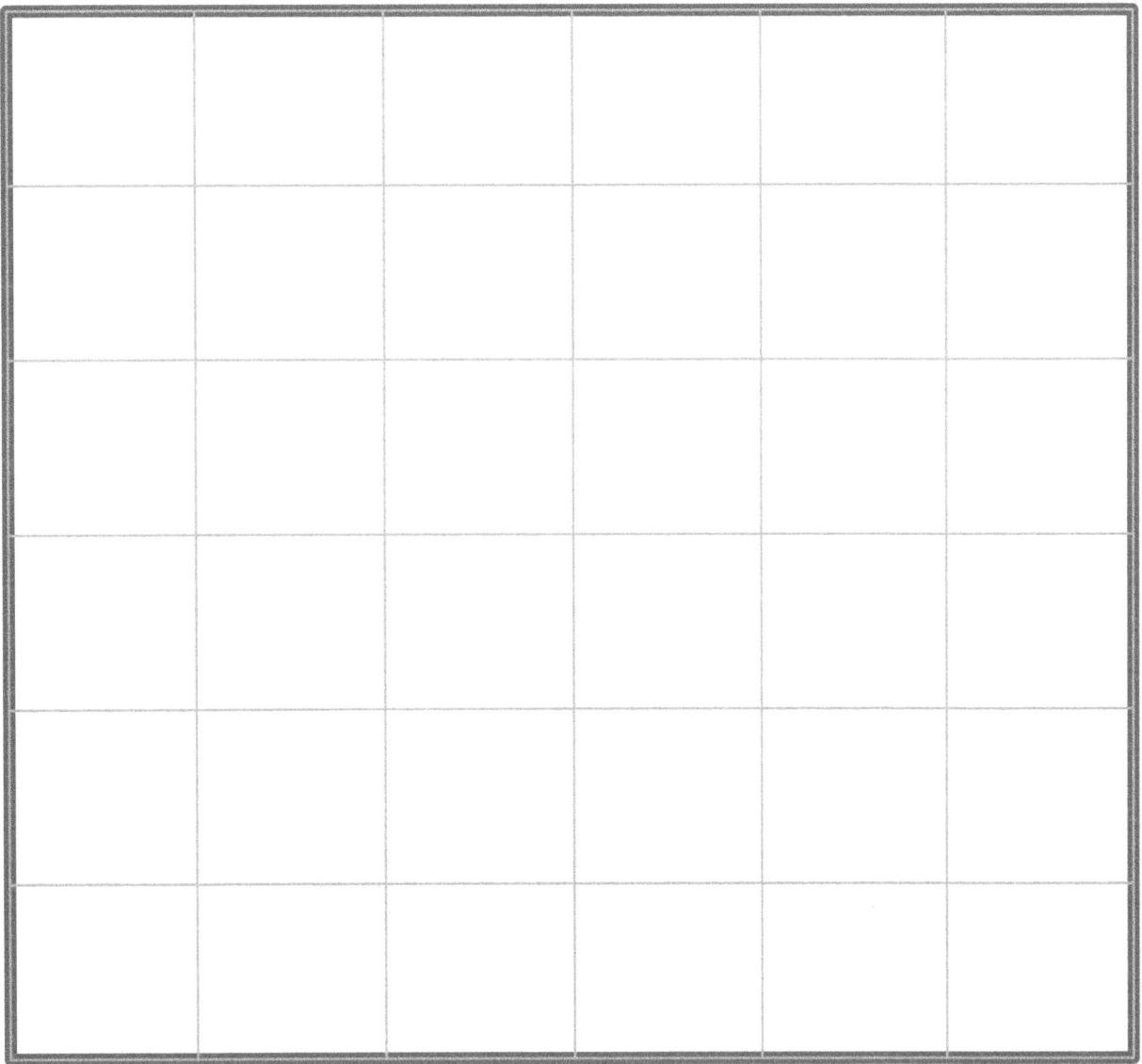

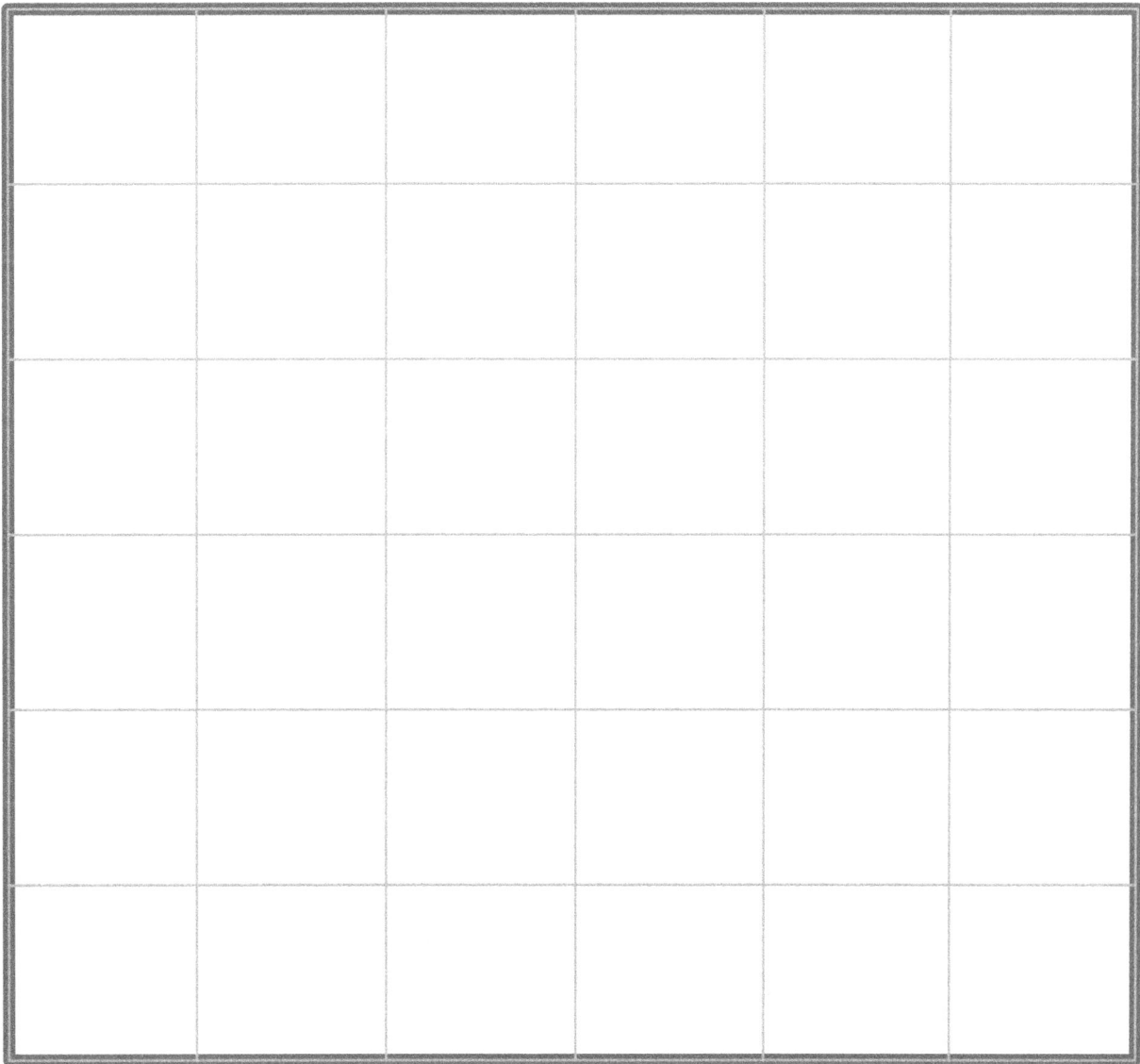

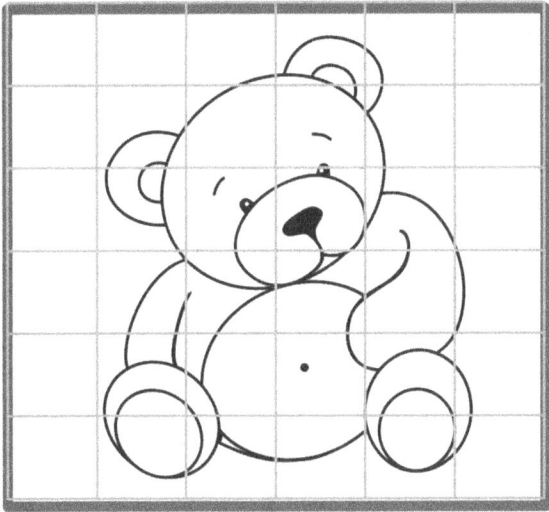

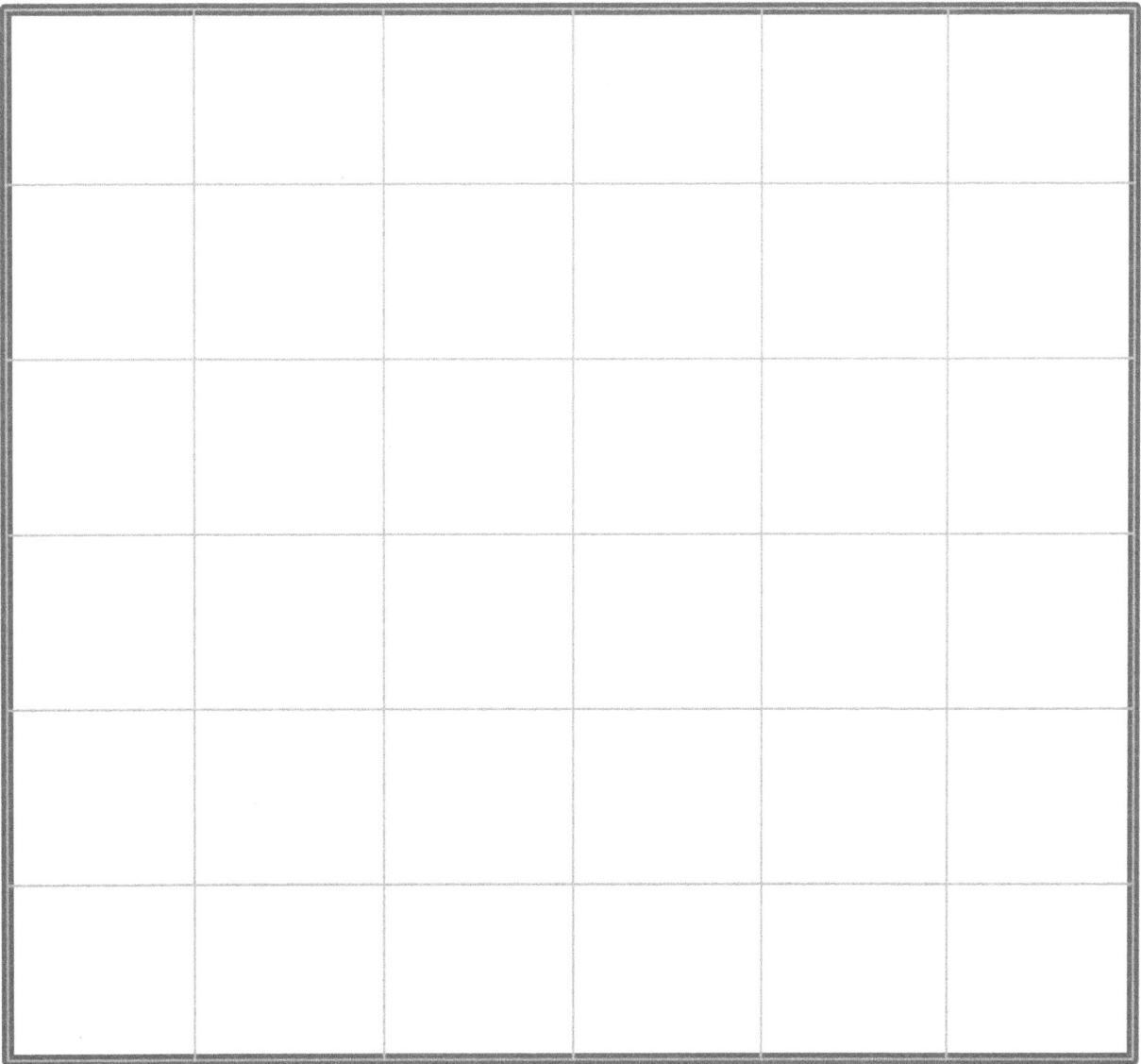

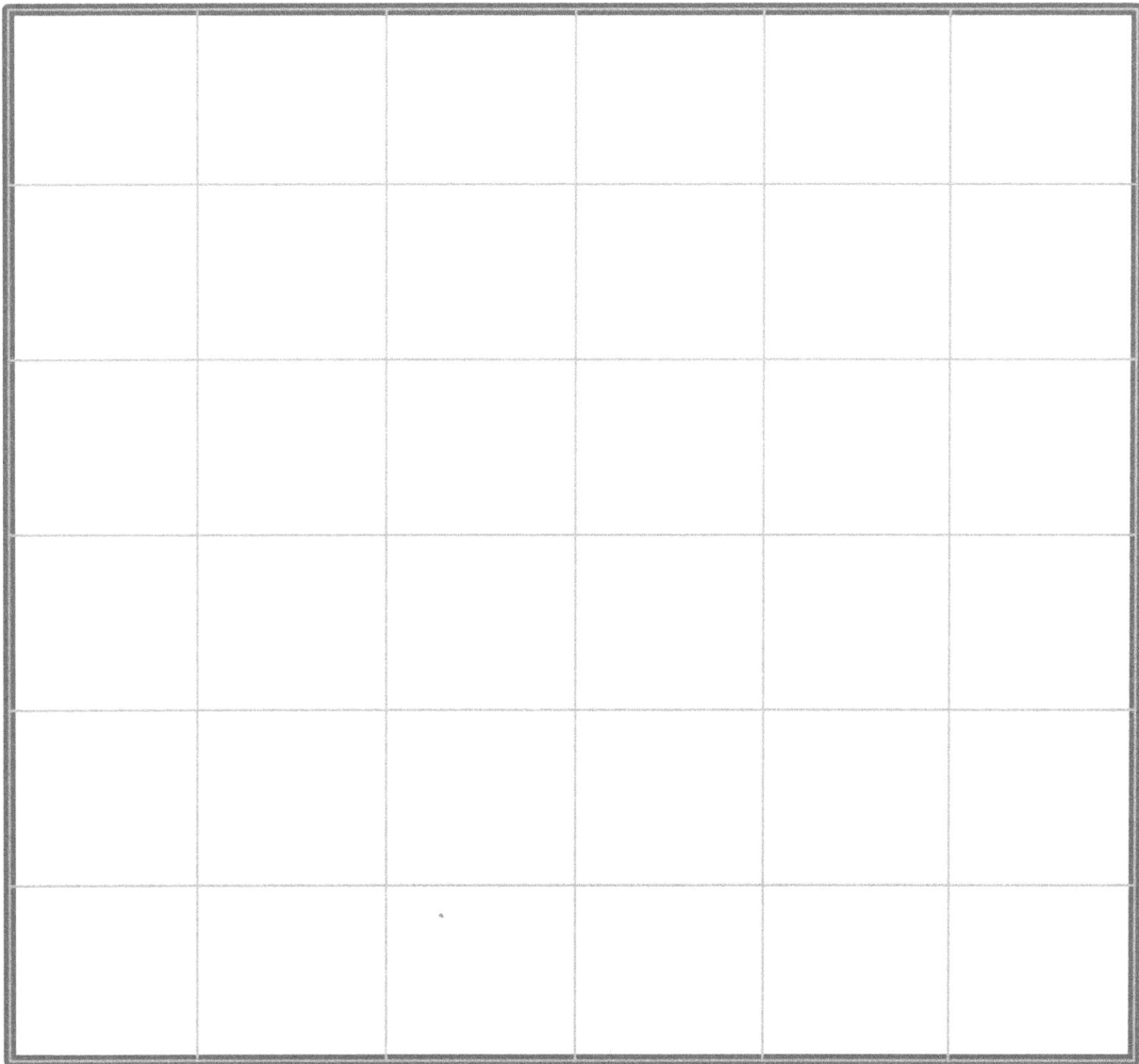

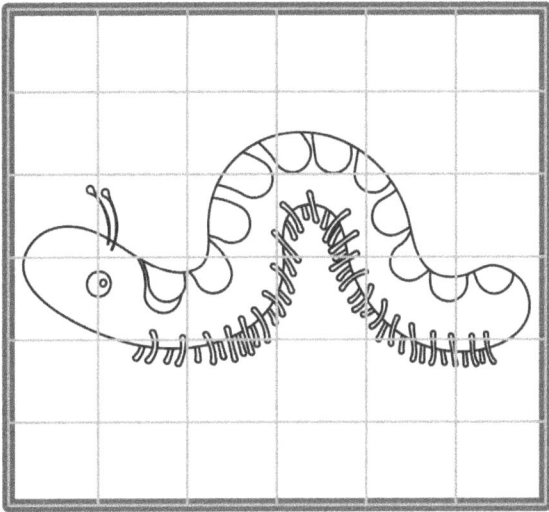

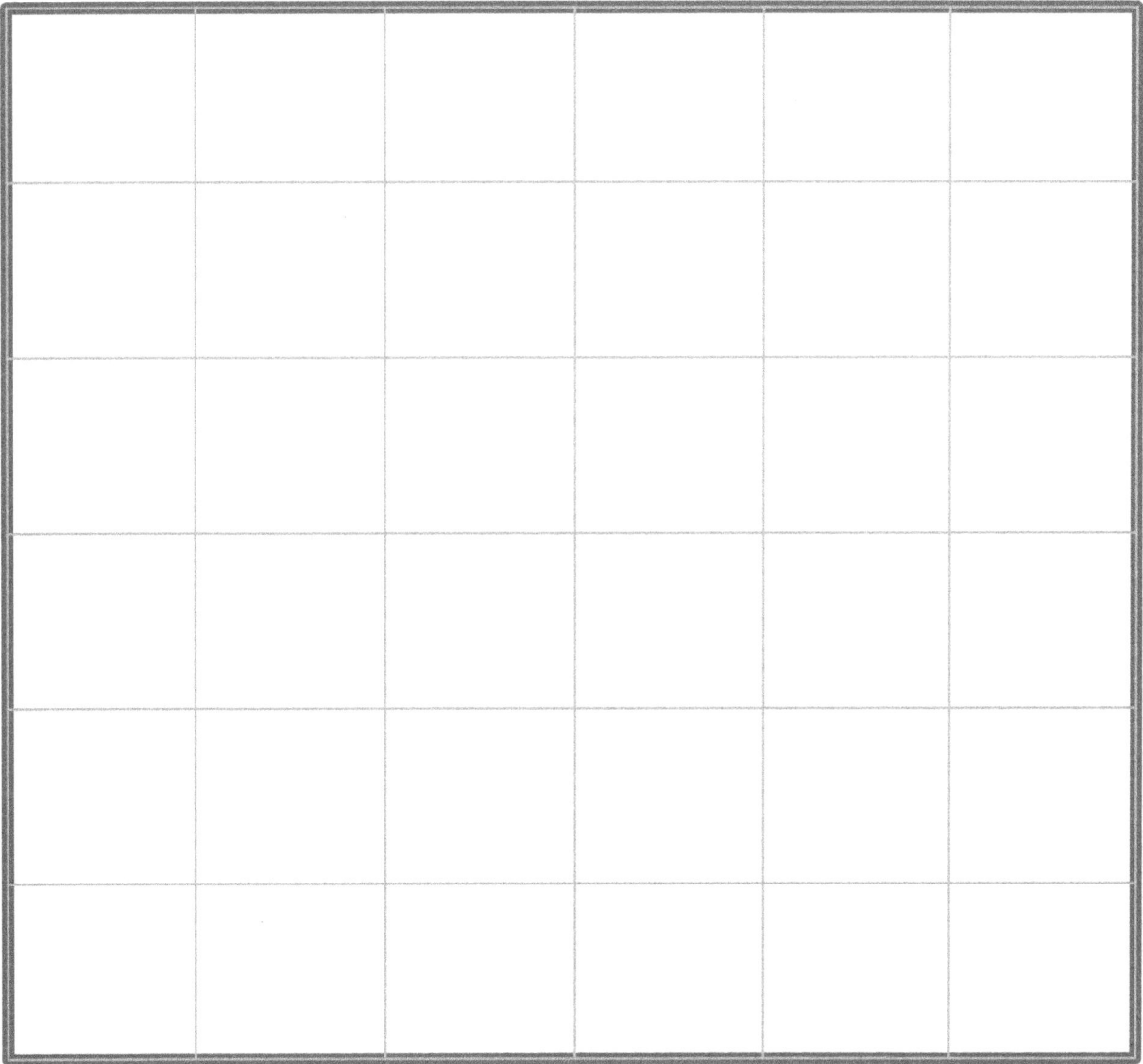

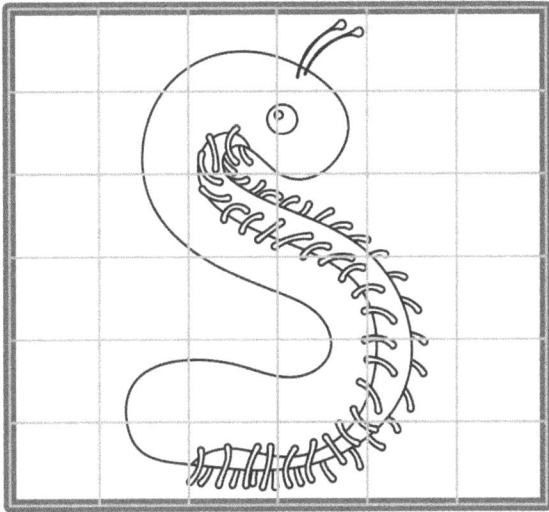

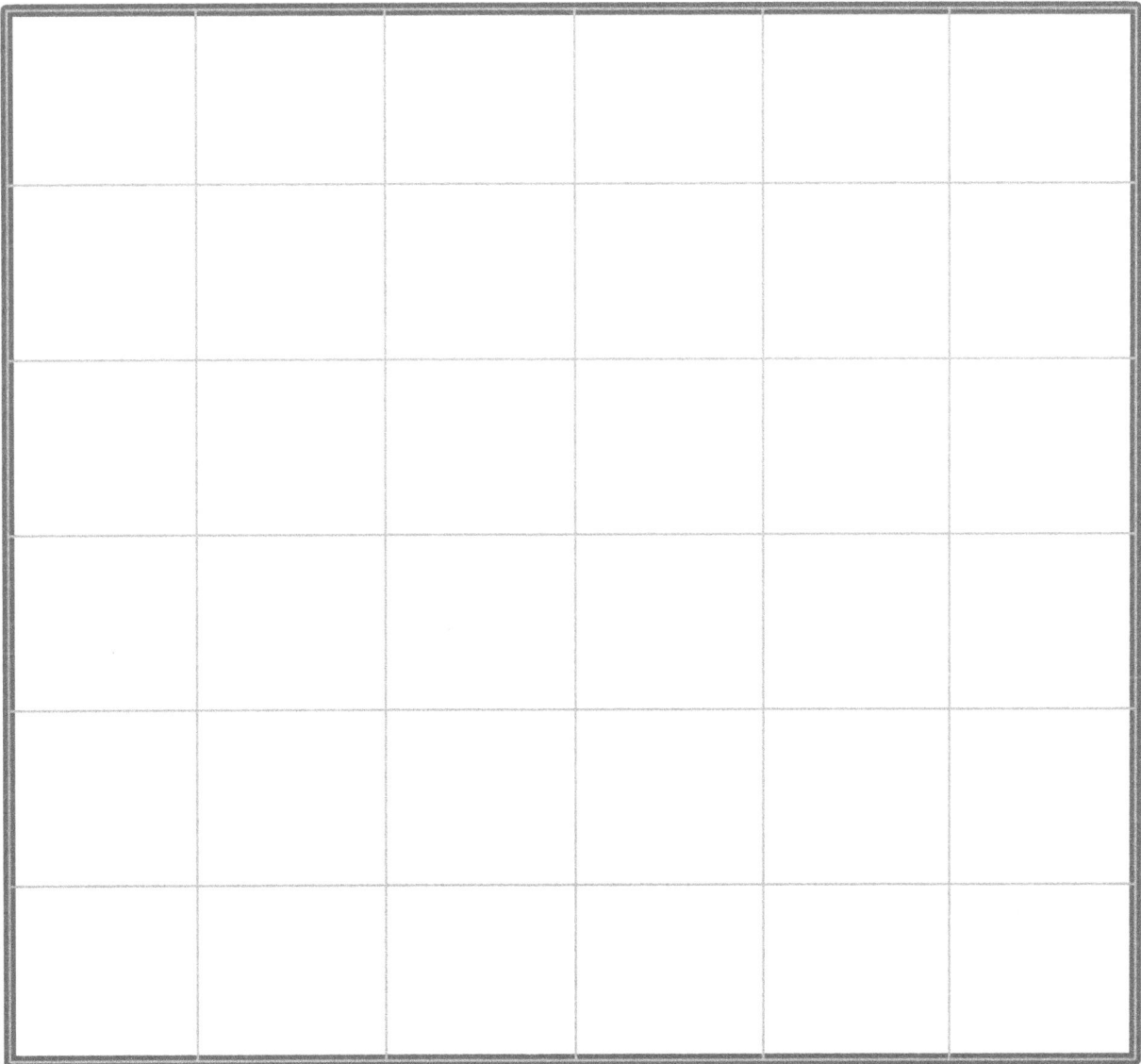

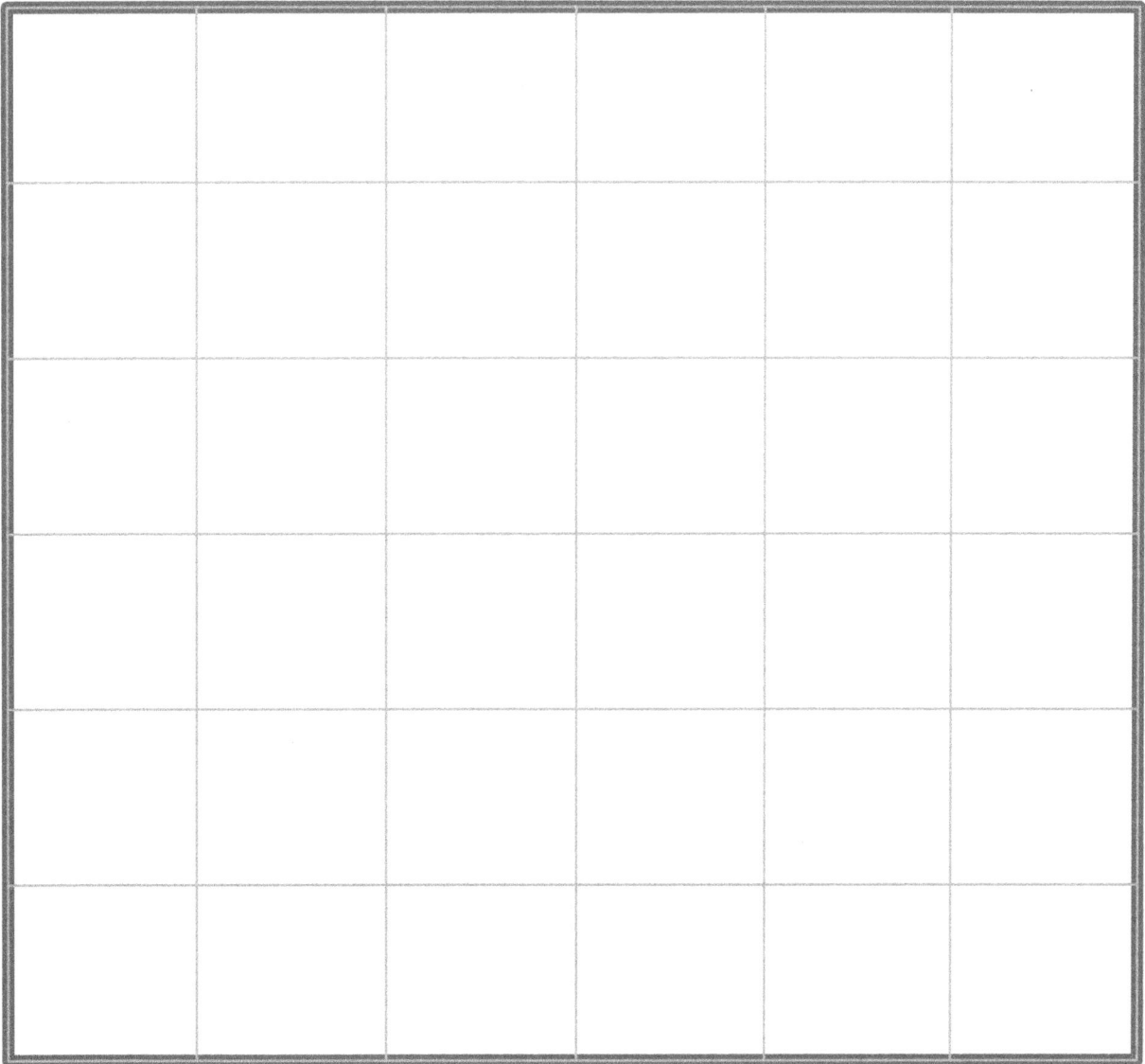

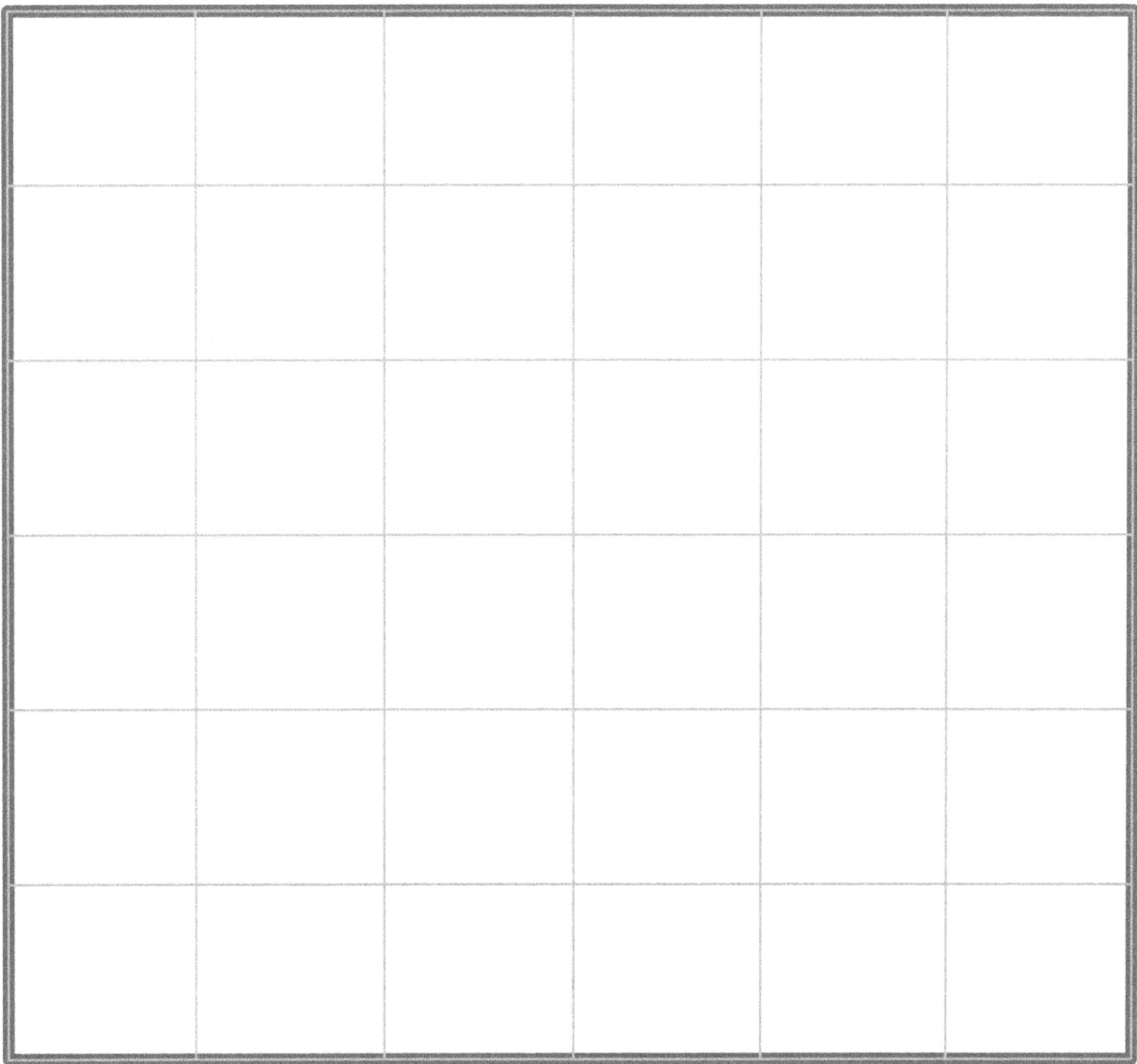

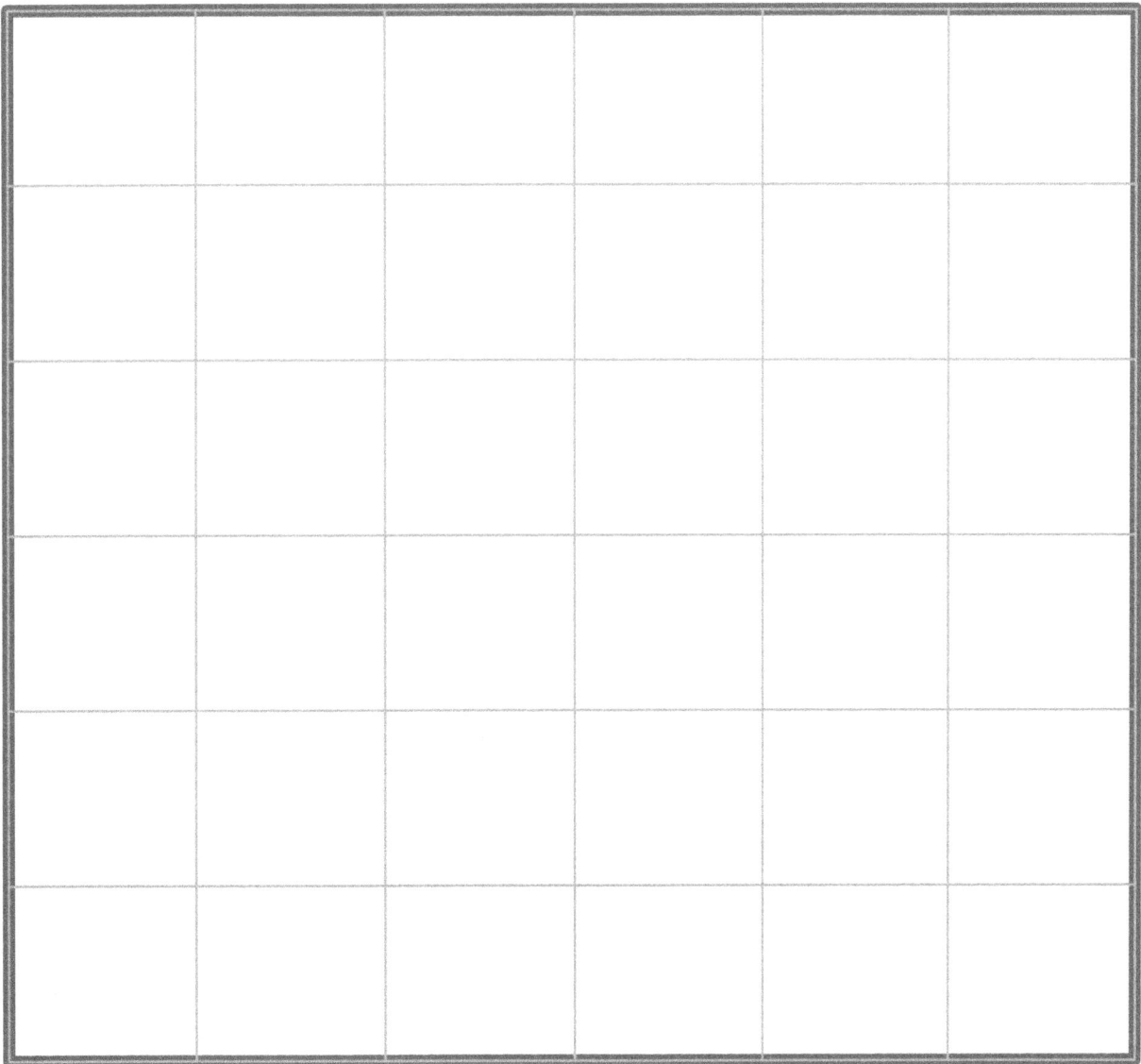

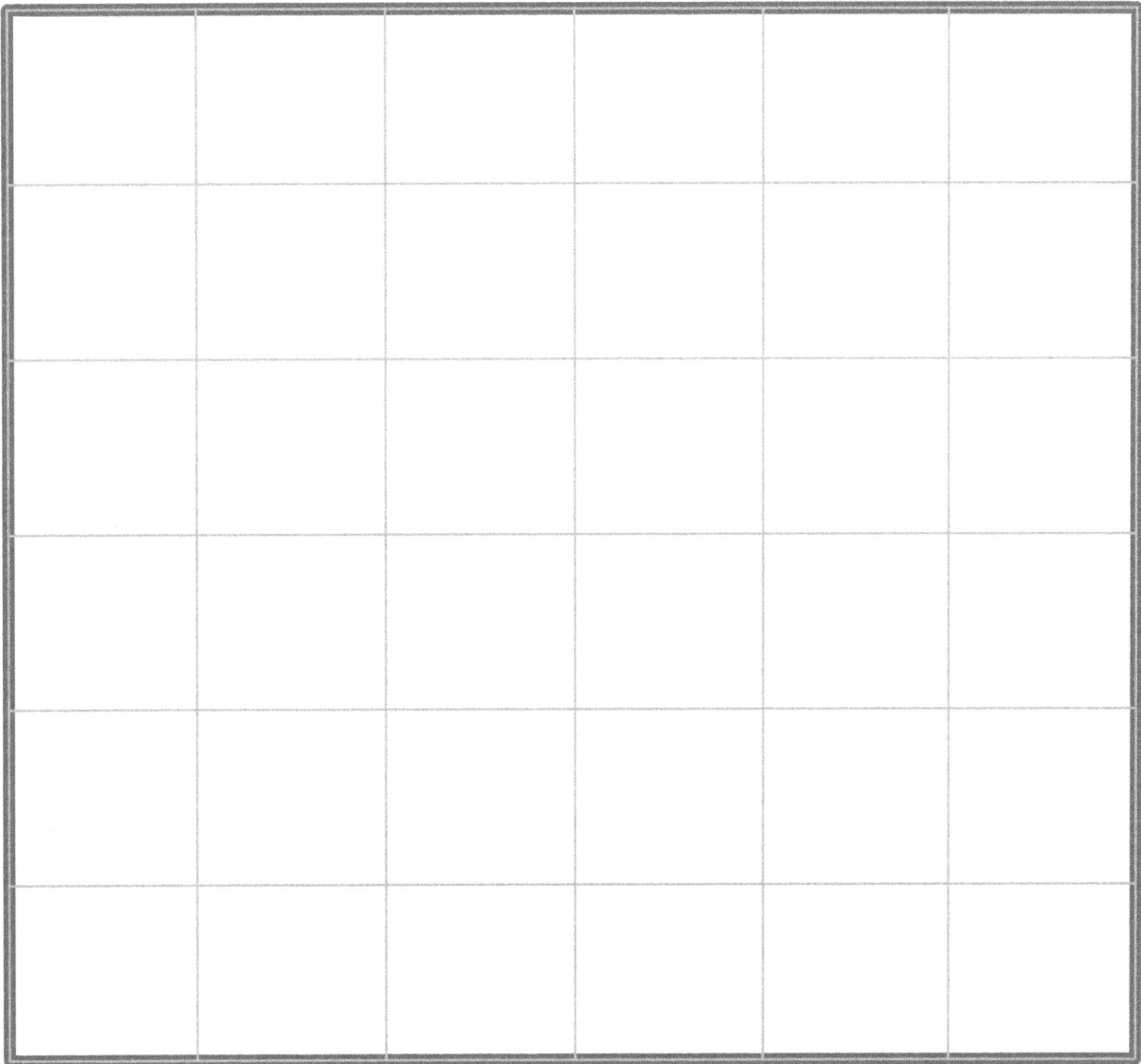

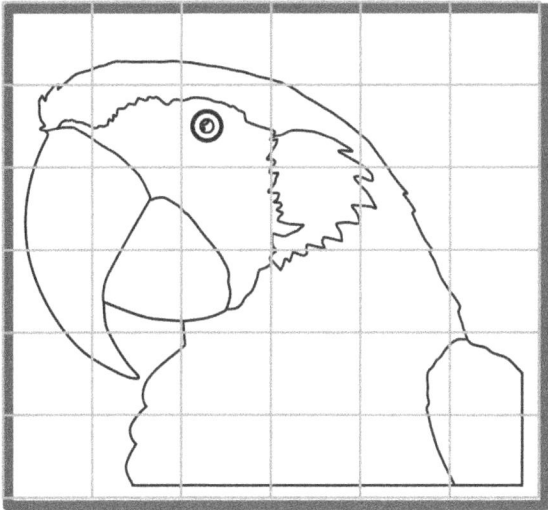

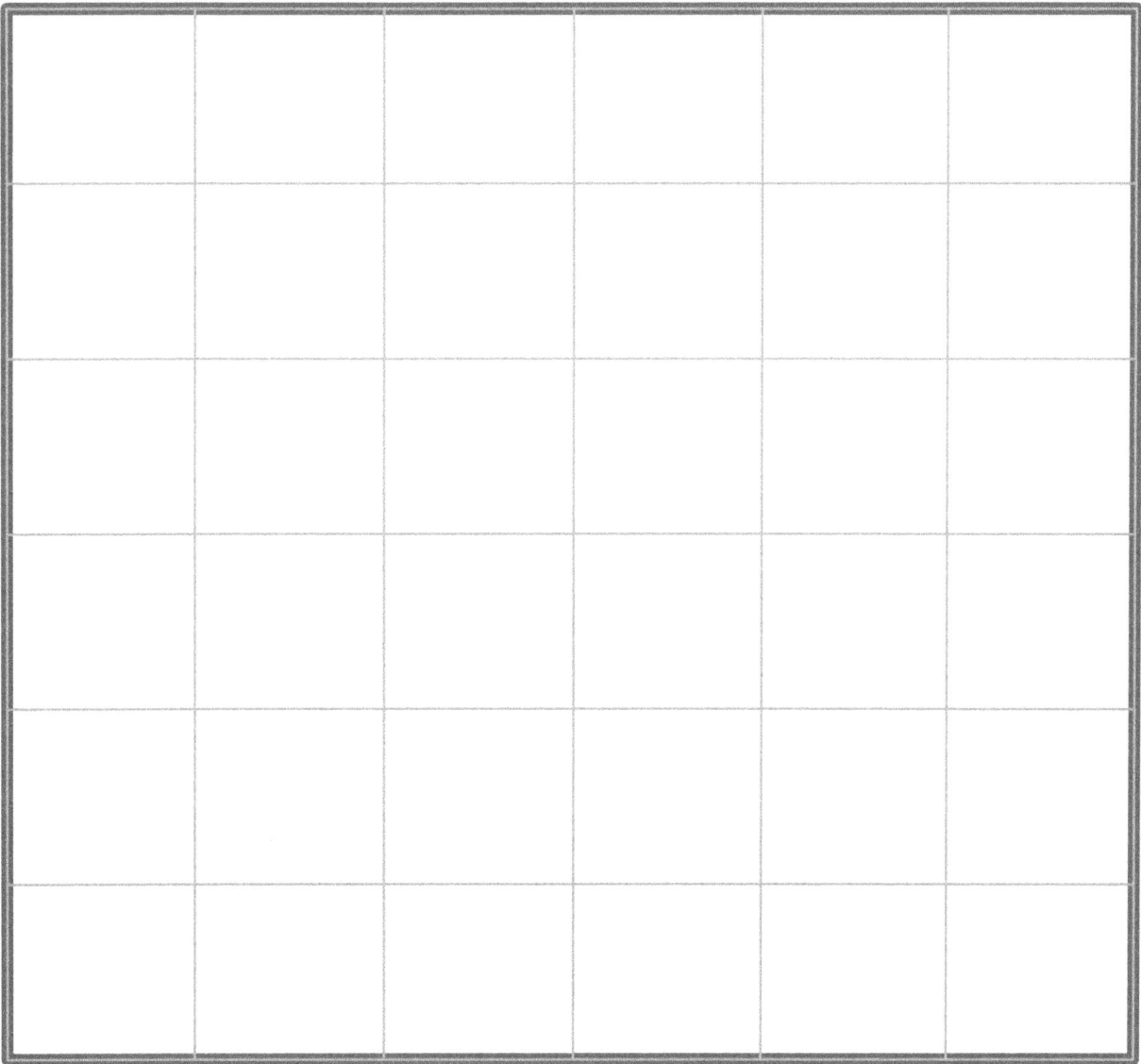

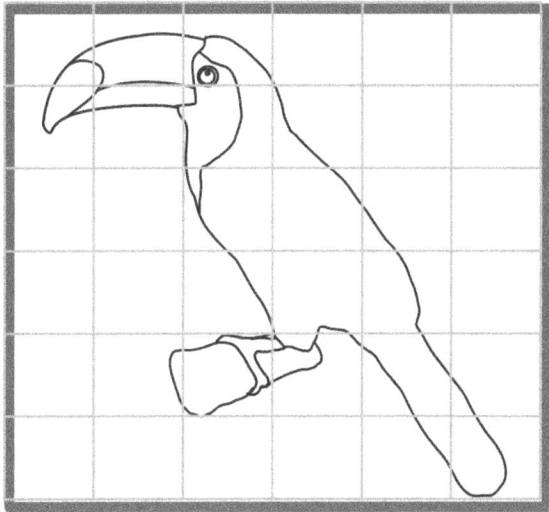

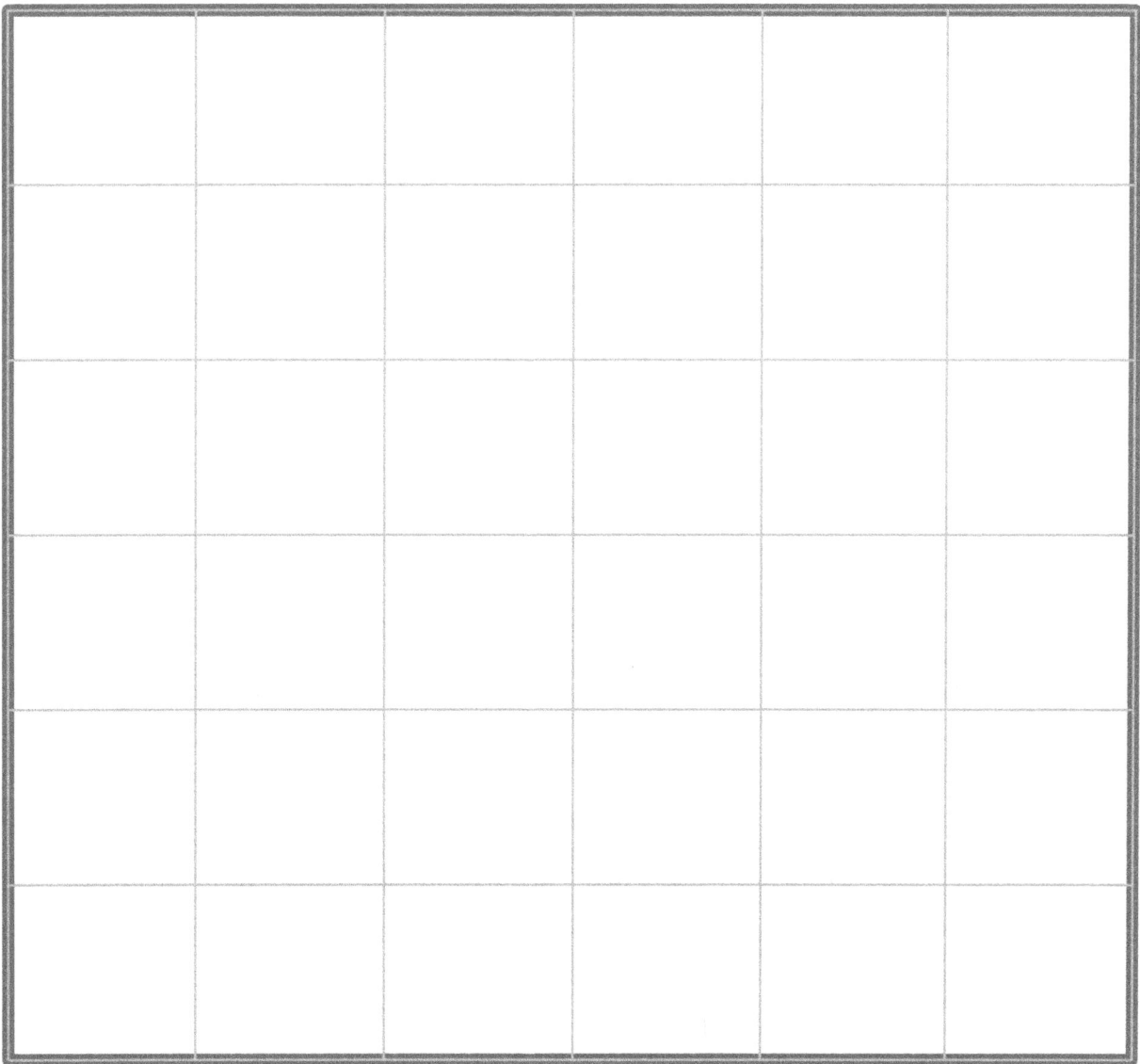

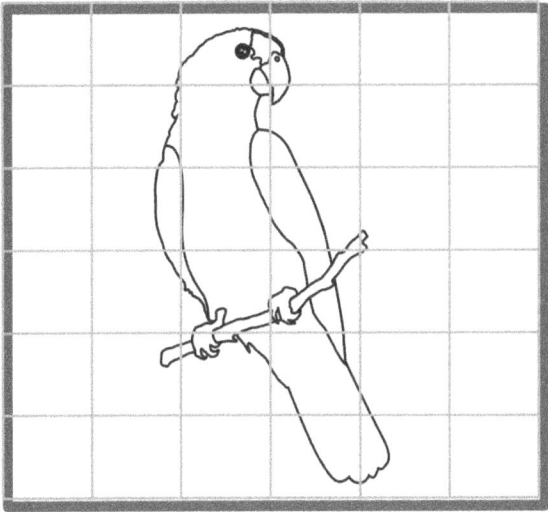

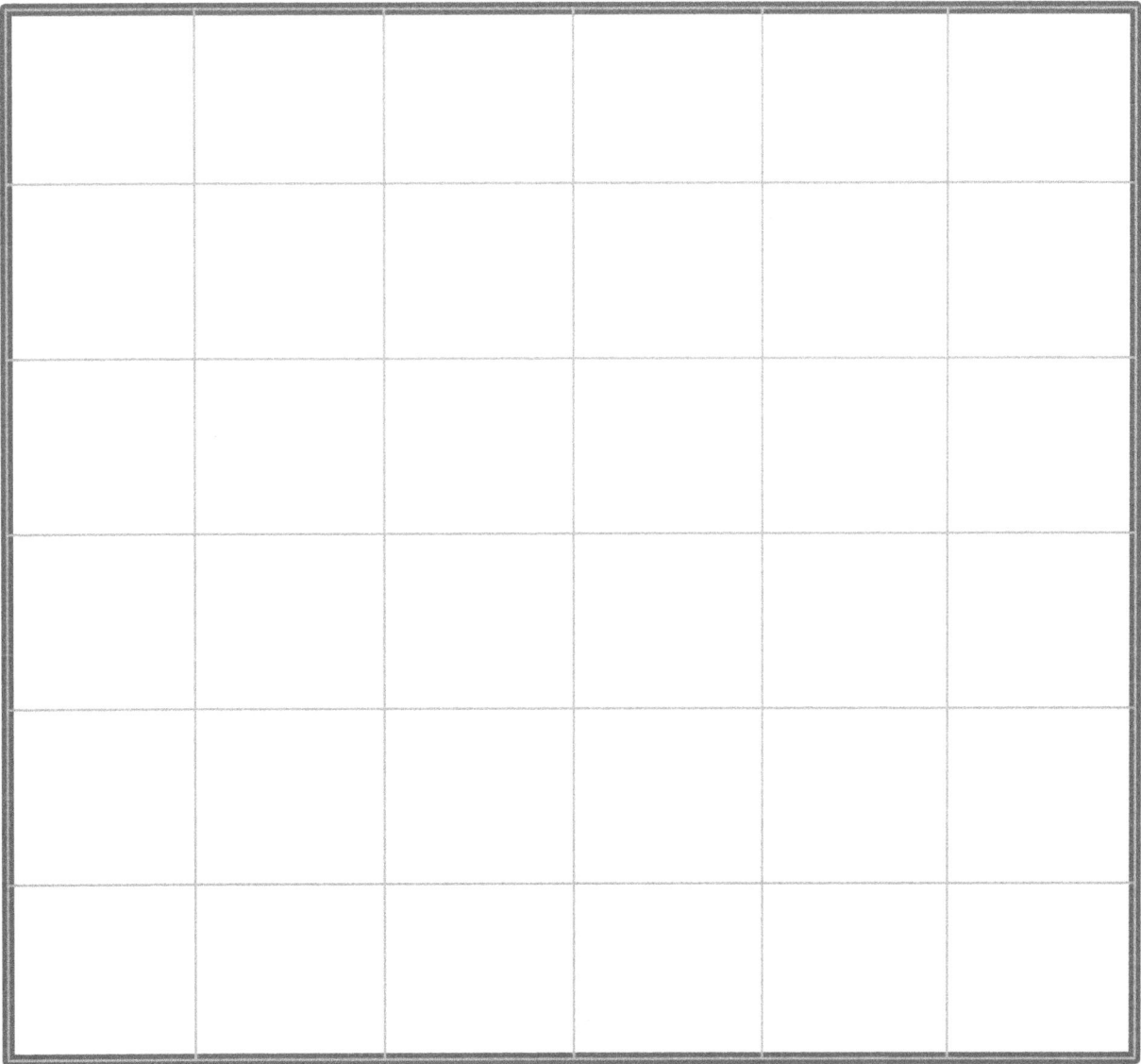

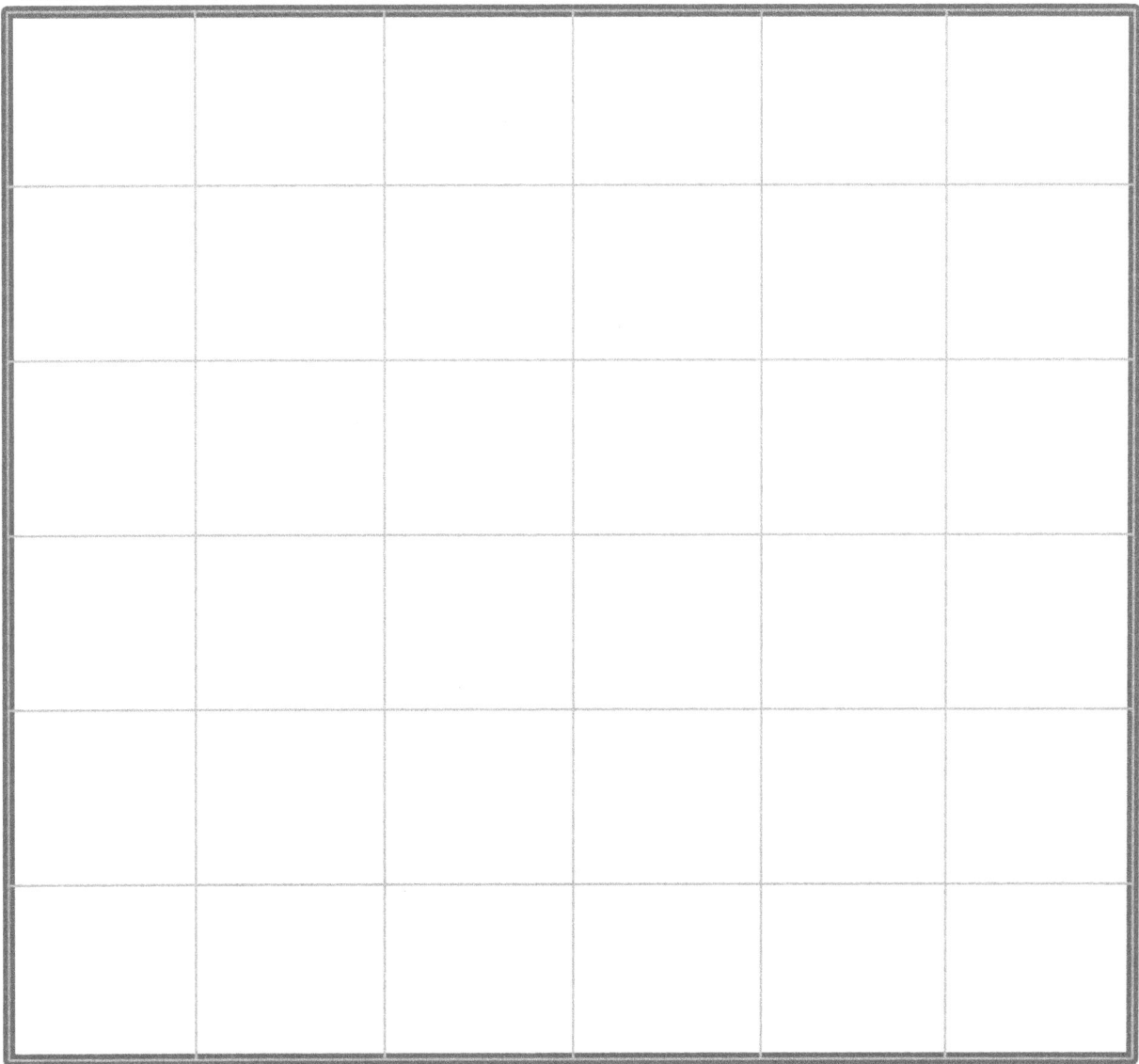

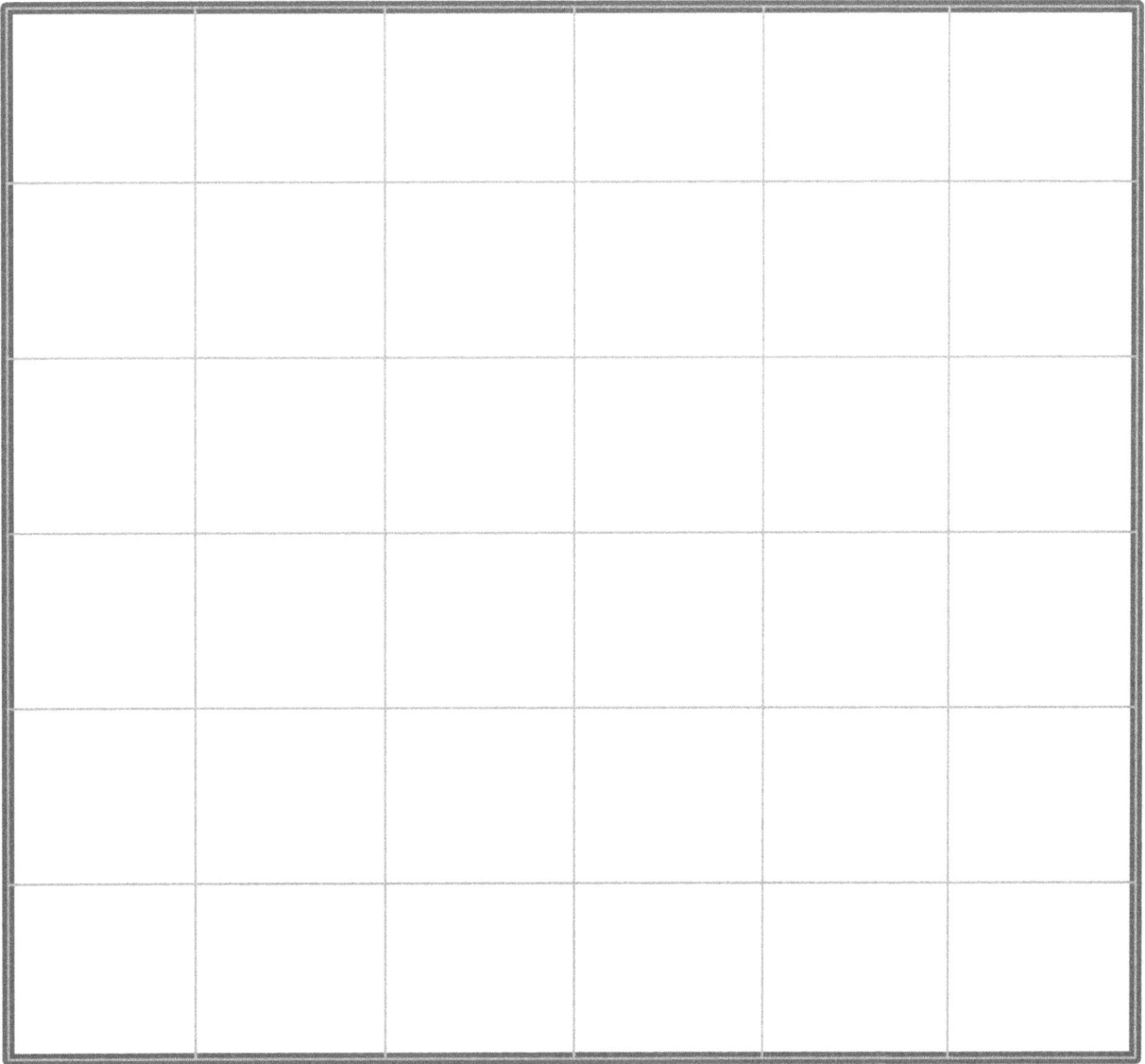

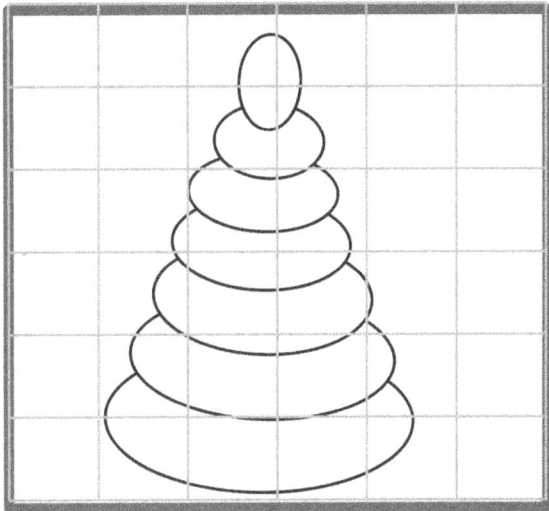

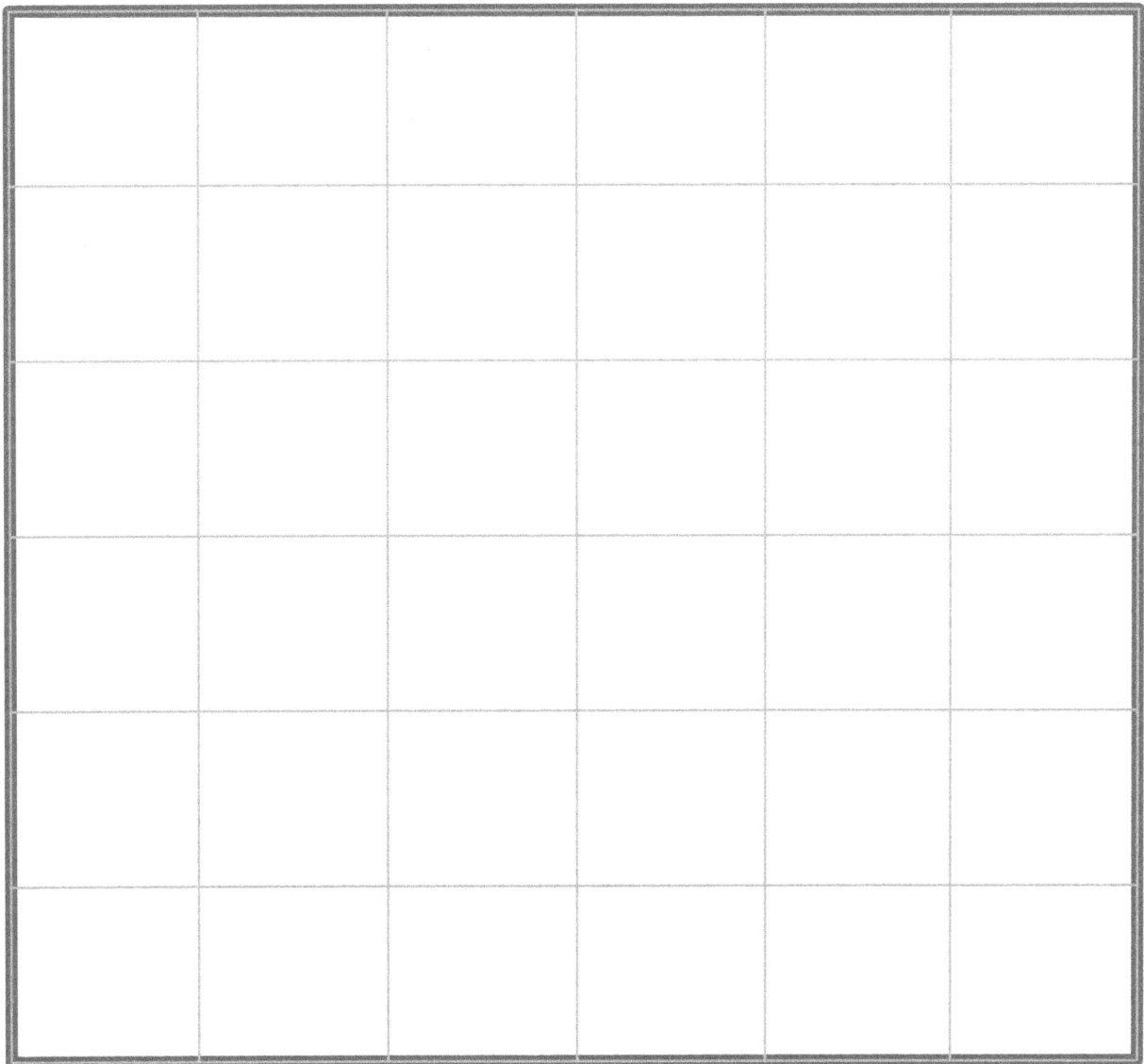

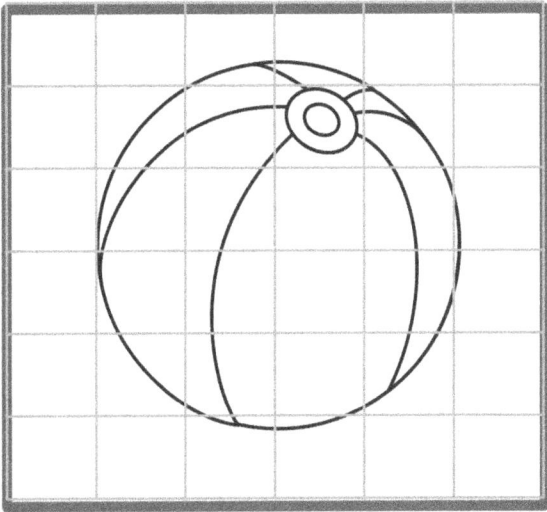

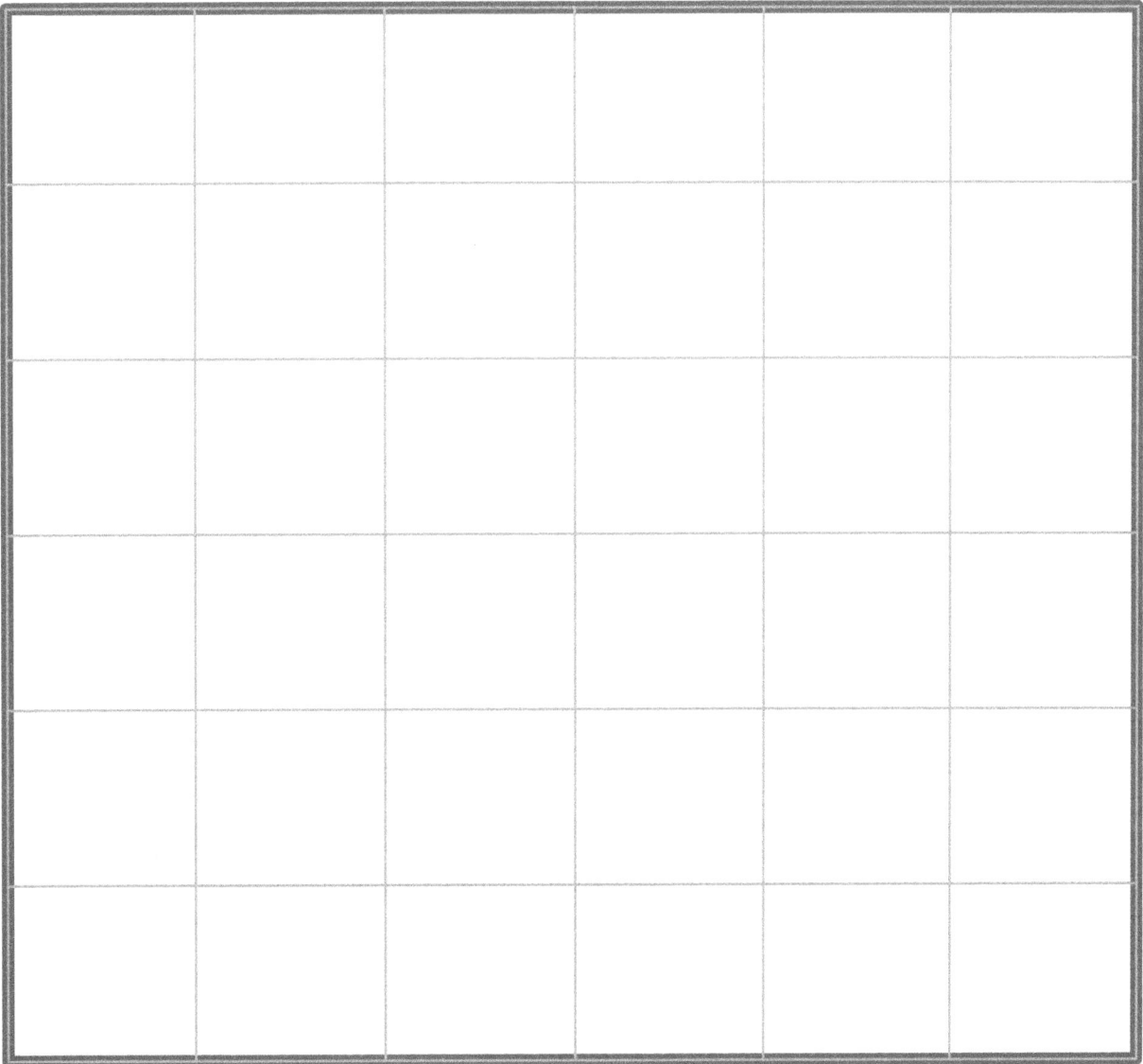

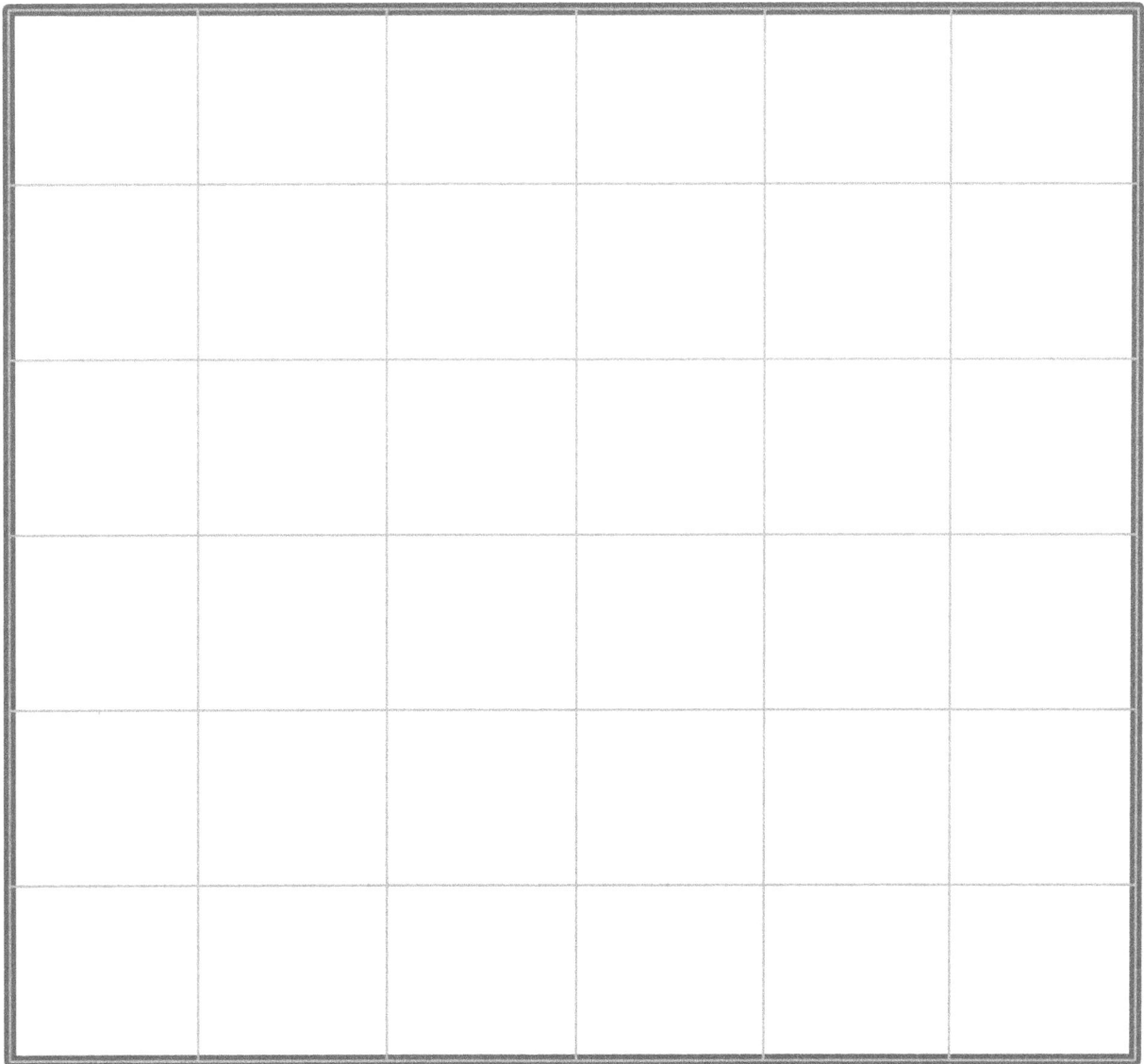

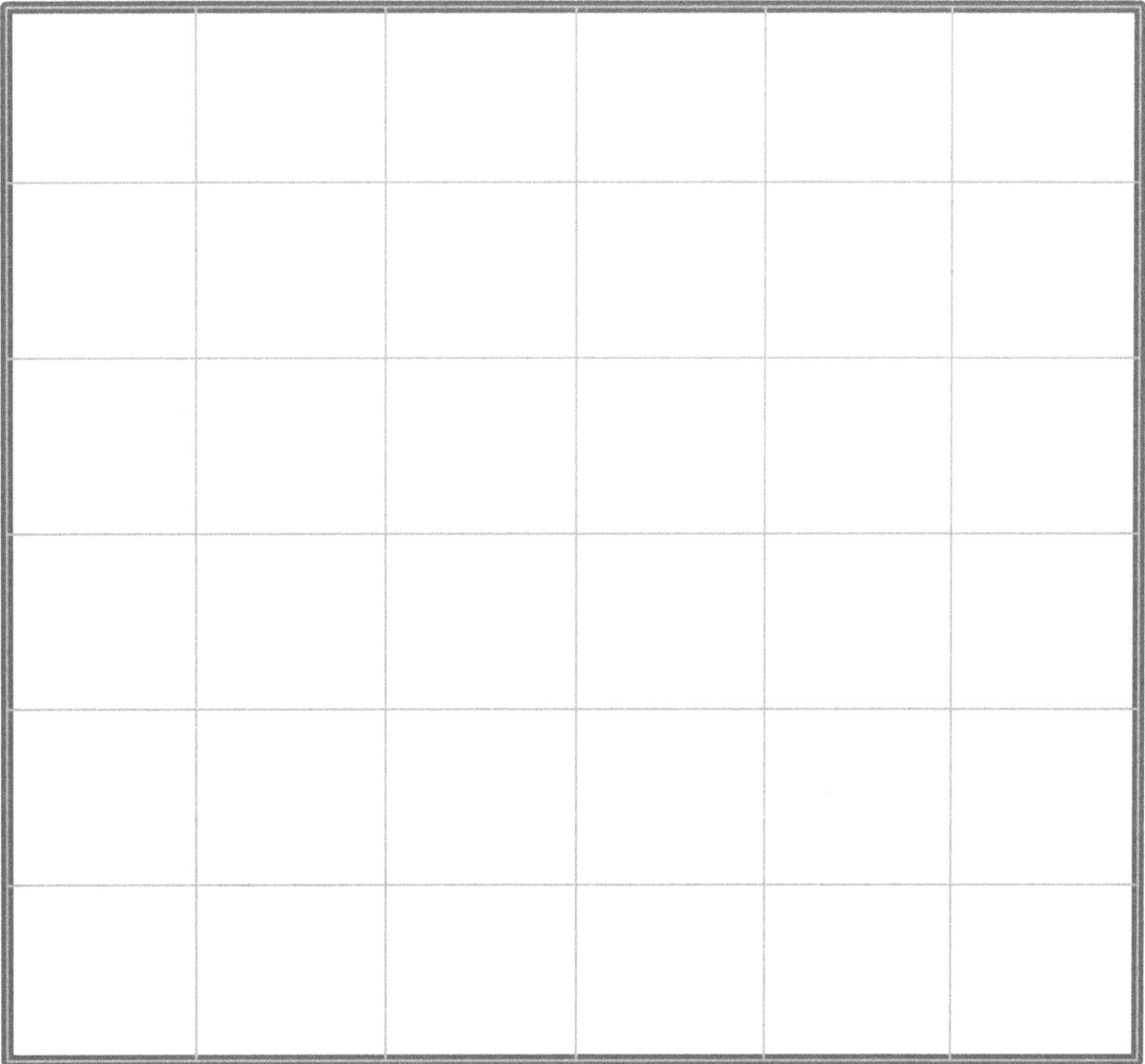

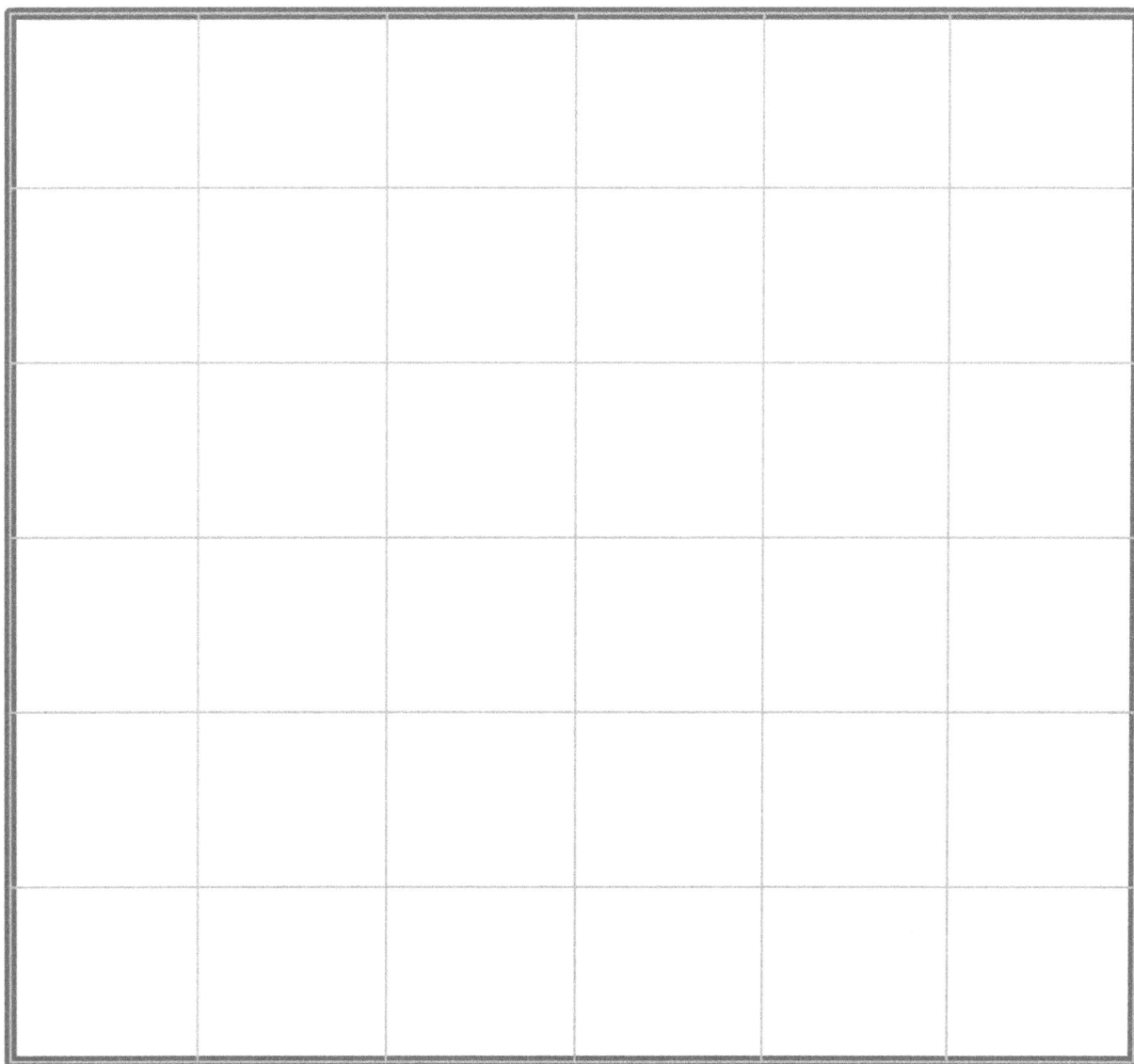

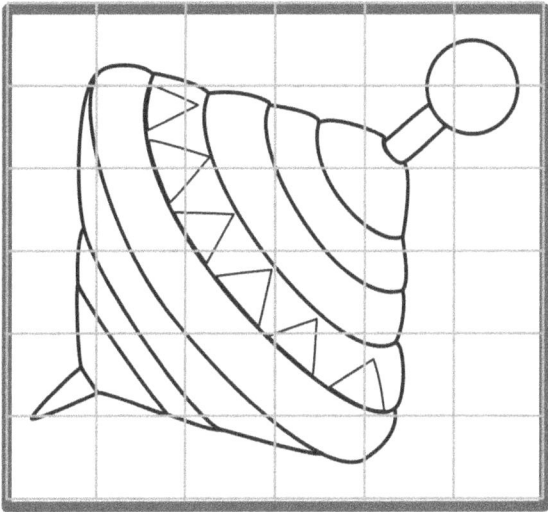

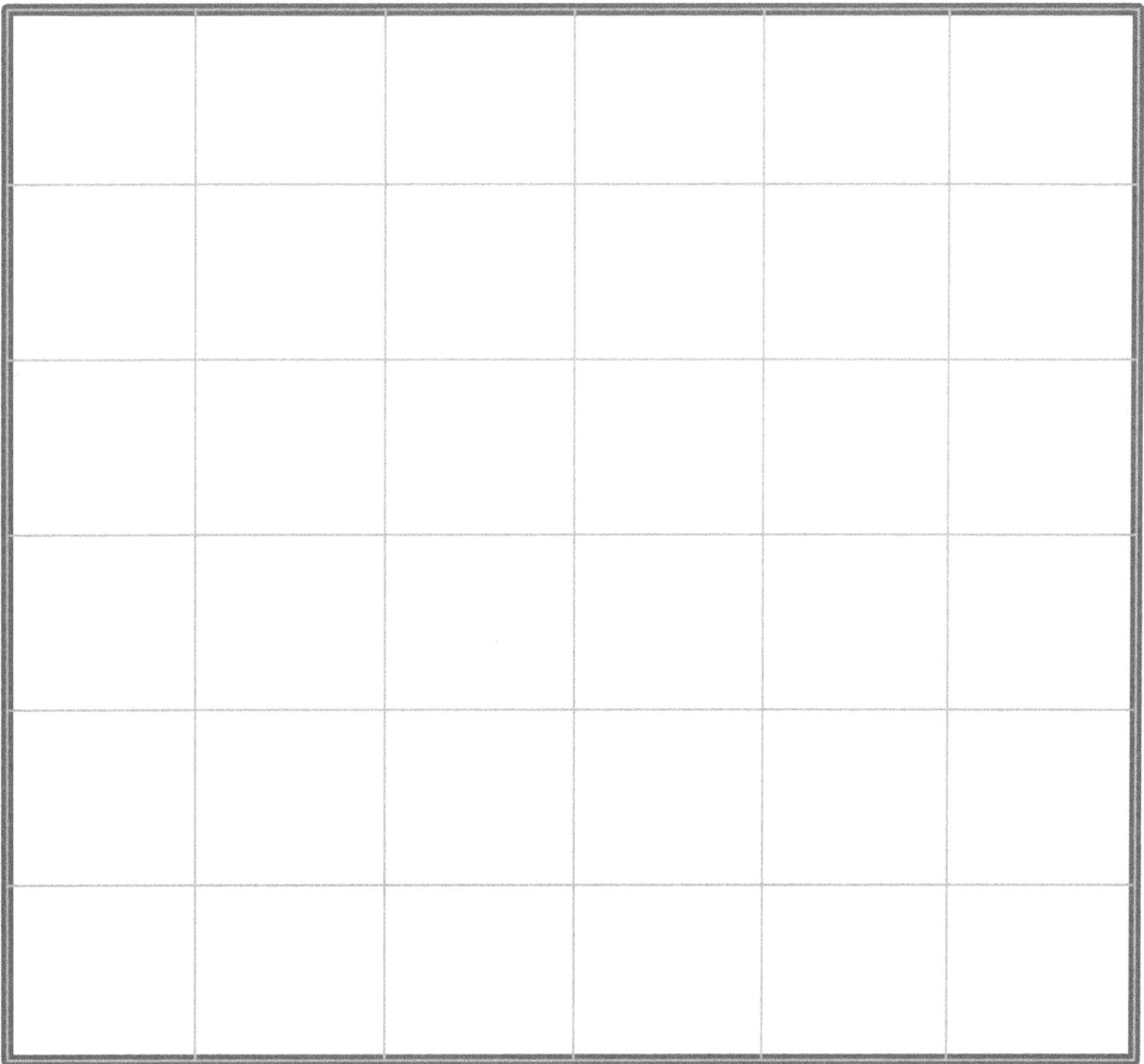

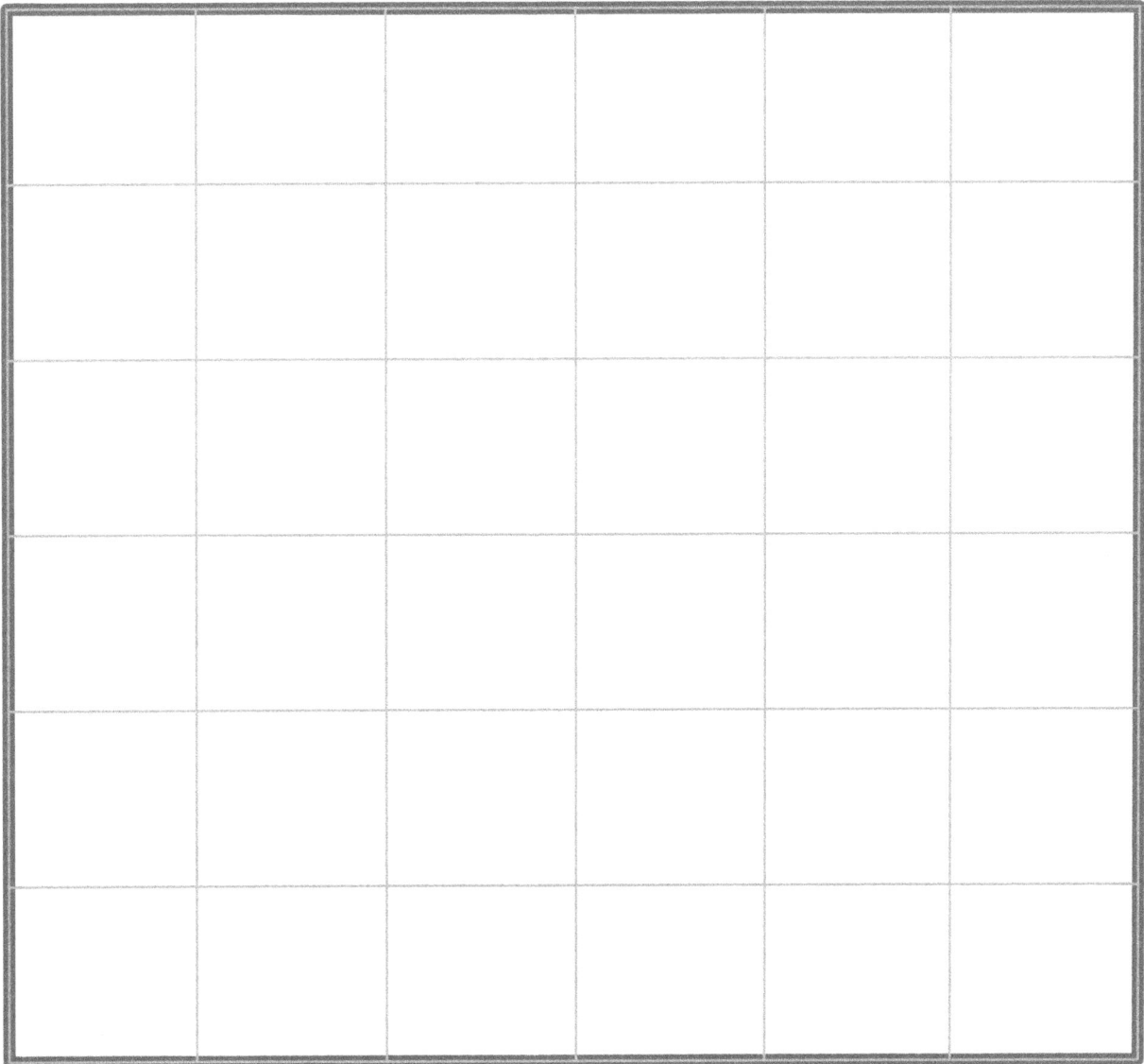

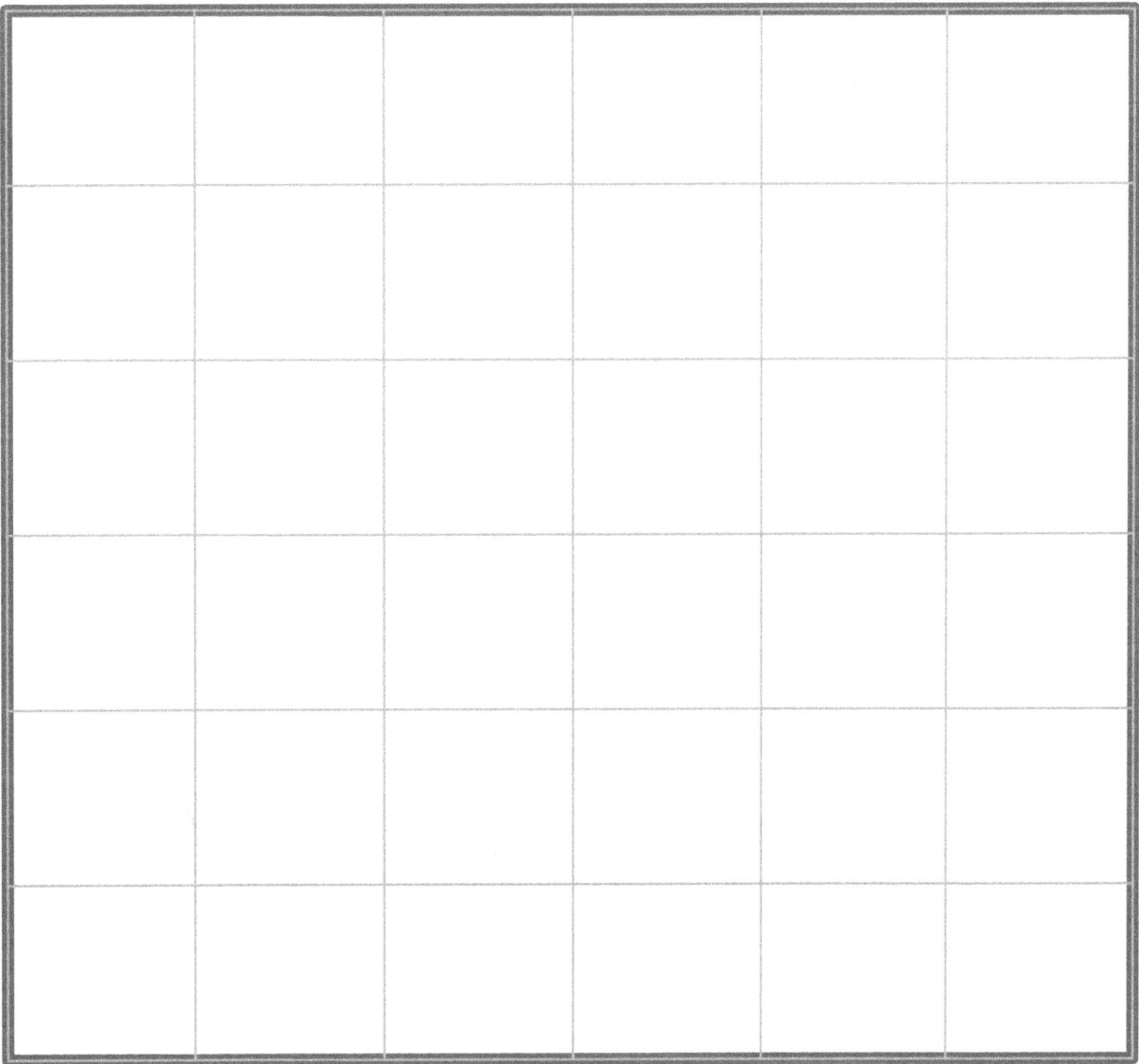

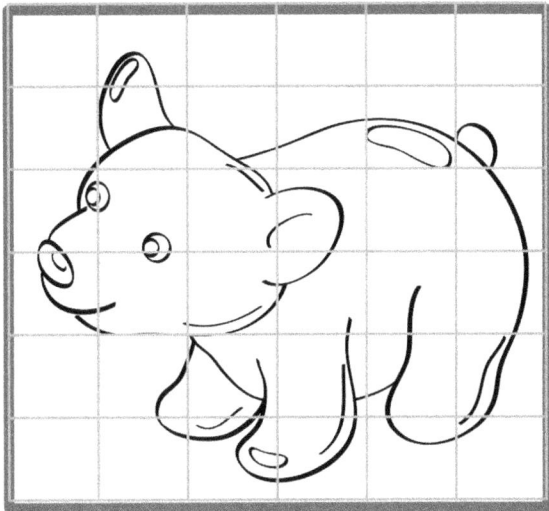

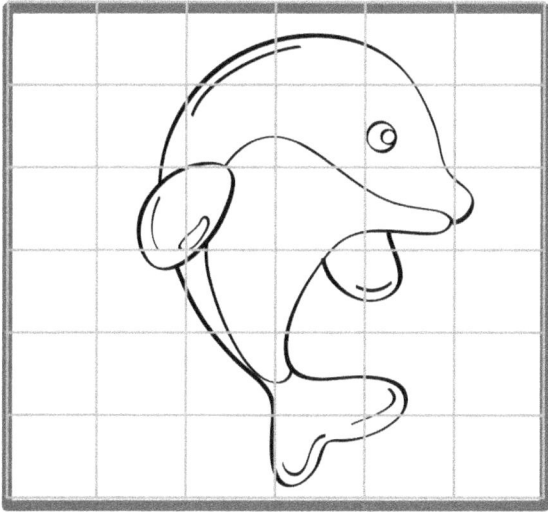

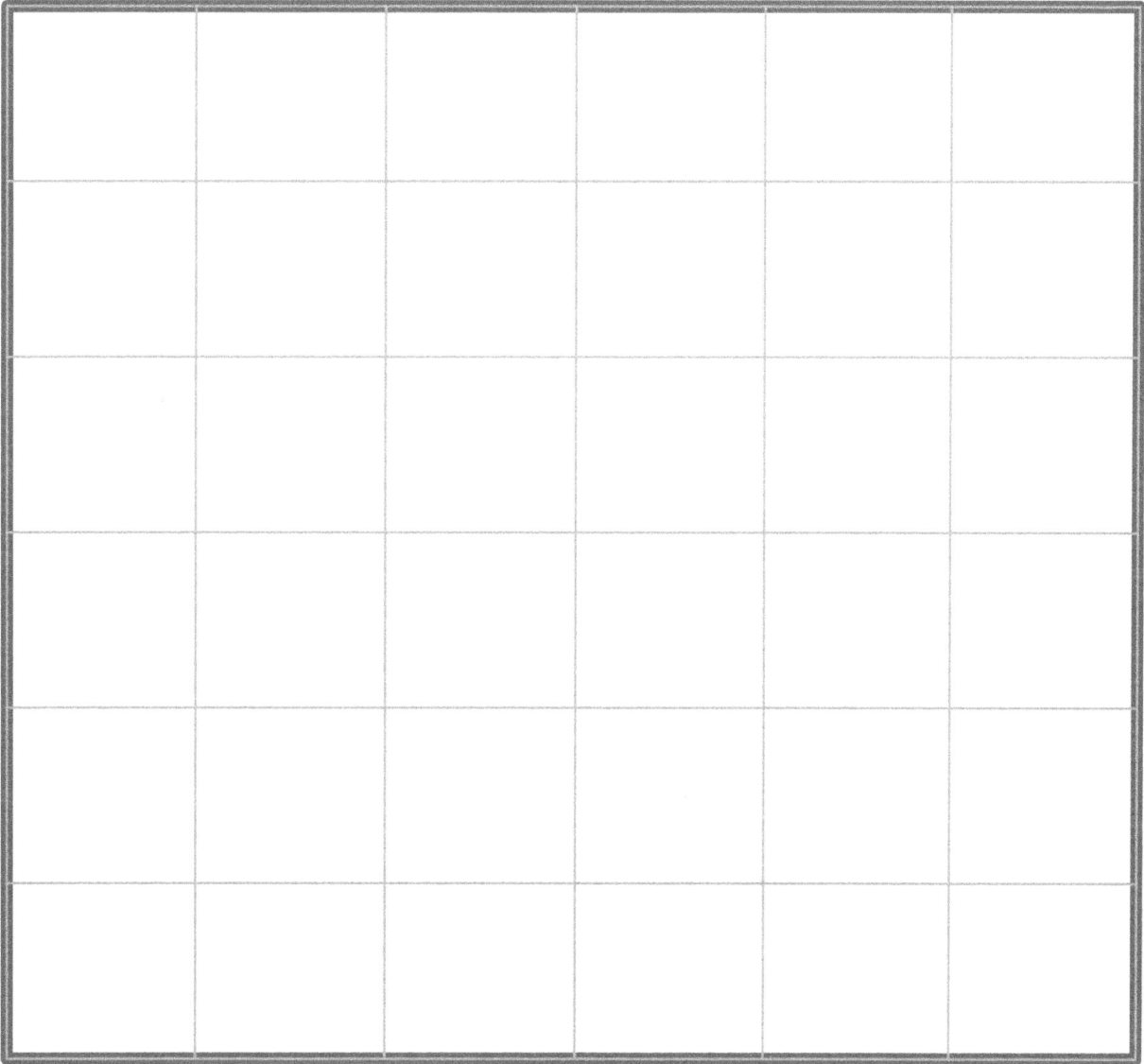

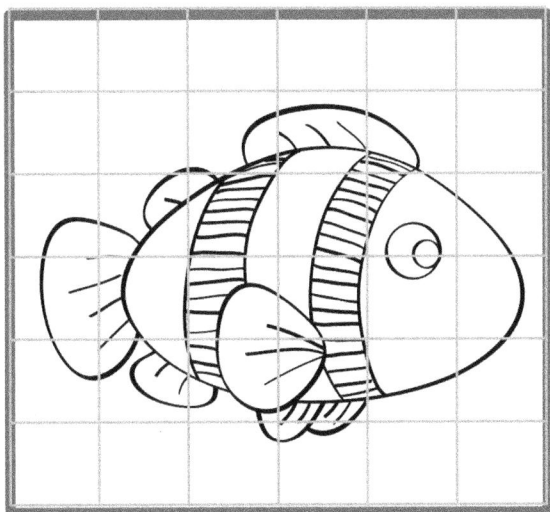

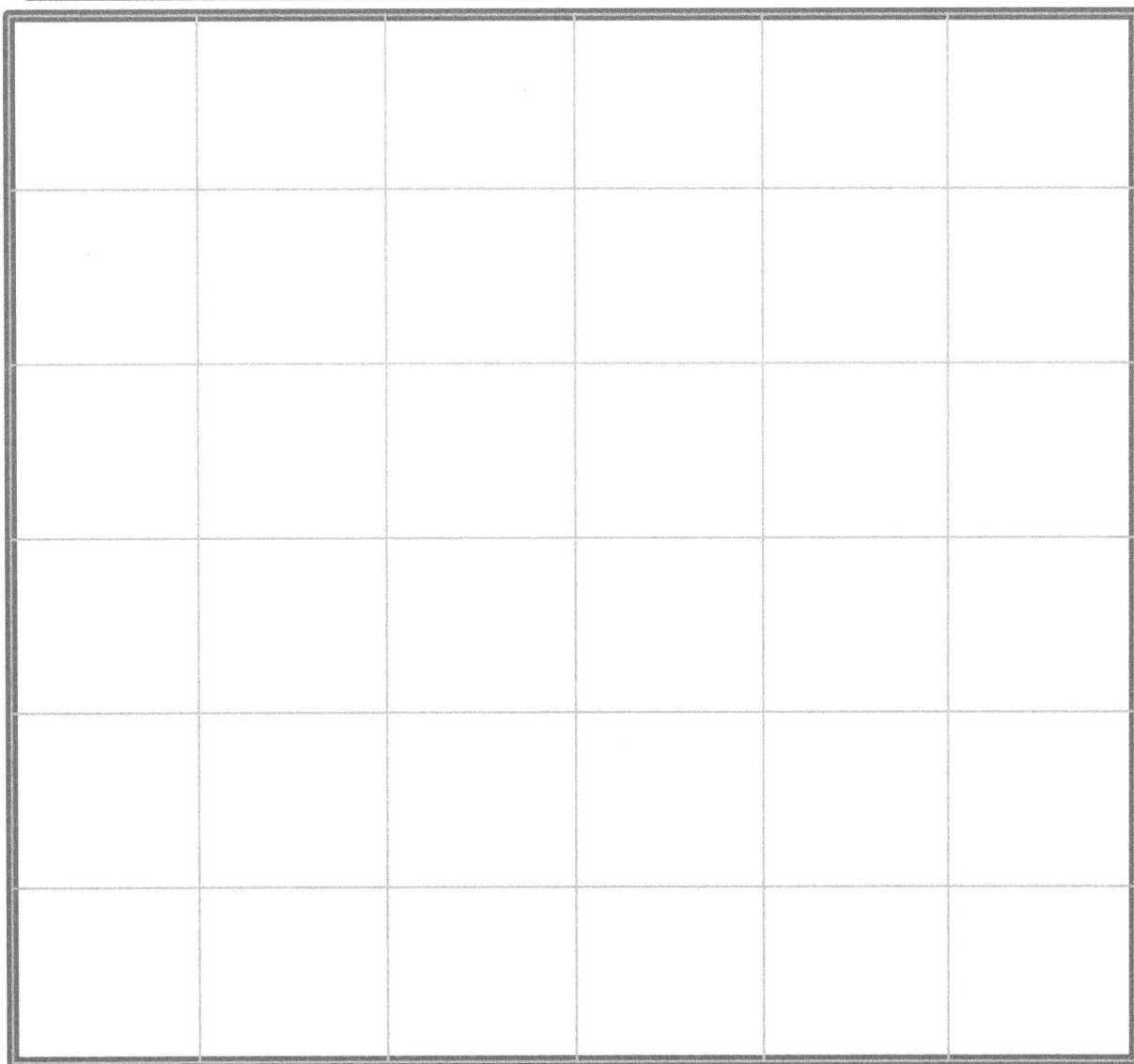

www.ingramcontent.com/pod-product-compliance
Lightning Source LLC
LaVergne TN
LVHW081336060426
835513LV00014B/1307